Eberhard Schellenberger

DECKNAME ANTENNE

Als Journalist im Visier der Stasi

Eberhard Schellenberger

DECKNAME ANTENNE

Als Journalist im Visier der Stasi

echter

Ich widme dieses Buch und das durch zahlreiche multimediale Lesungen entstandene Erinnerungsprojekt meiner Frau Monika, die unsere erste Reise in die DDR anregte und mich stets zu unseren Freunden begleitet hat.
Und ich widme es den uns nachfolgenden Generationen mit der dringenden Bitte, Demokratie und Freiheit zu schützen und zu bewahren. Stellvertretend meiner Journalistenkollegin Sarah Beham, der ich in Freundschaft für die Motivation zu diesem Projekt danke und für alle ihre Fragen und Anmerkungen, die in dieses Buch eingeflossen sind.

Bibliografische Information der Deutschen Nationalbibliothek:
Die Deutsche Nationalbibliothek verzeichnet diese Publikation in der Deutschen Nationalbibliografie; detaillierte bibliografische Daten sind im Internet über http://dnb.d-nb.de abrufbar.

5. Auflage 2025

Echter Verlag · Dominikanerplatz 8 · 97070 Würzburg
Tel. 0931 66068-0 · info@echter-verlag.de · www.echter.de

Covergestaltung: Vogelsang Design, Jens Vogelsang, Aachen
Coverfotos: ©La Gorda/Shutterstock.com, Autorenporträt/©Ansgar Nöth
Fotos Innenteil: siehe Bildnachweis auf Seite 196
Layout Innenteil: satzgrafik Susanne Dalley, Aachen
Druck und Bindung: CPI-books, Clausen & Bosse, Leck

ISBN 978-3-429-05769-5

INHALT

MEIN LEBENSTHEMA

Das deutsch-deutsche Zusammenleben begleitete mich privat und als langjähriger BR-Journalist das ganze Leben lang und wurde zu meinem journalistischen „Lebensthema“: aufgewachsen in Zeil am Main, 25 Kilometer von der Grenze entfernt. Internat in Bad Königshofen, jetzt ist die Grenze ganz nahe. Bei Ferienaufenthalten in der Rhön Ausflüge an die DDR-Grenze. Die Eltern unterhalten eine deutsch-deutsche Freundschaft mit einer Familie in der Lausitz.

1984 dann eine erste, private Reise nach Sachsen zur befreundeten Familie. Die Staatssicherheit wird auf mich als Jungjournalisten aufmerksam, legt in Cottbus unter dem Namen „Journalist“ eine erste Akte an, startet auch Beobachtungen.

1985 die erste berufliche Reise. Drei Tage Dresden mit genehmigten und überwachten Aufnahmen zur Sendung „Wiederaufbau in Dresden und Würzburg“.

Als deutsch-deutsche Städtepartnerschaften Mitte der achtziger Jahre geschlossen werden, gibt es Reisen mit dem Haßfurter Stadtrat nach Eisenach und dann mehrfach mit dem Würzburger Stadtrat nach Suhl. Jetzt werden auch Radiosendungen des BR und Telefonate aus der DDR in die Bundesrepublik abgehört und in der in Suhl angelegten Akte mit dem Decknamen „Antenne“ dokumentiert.

Die Staatssicherheit ist mit großem Aufwand dabei, als der „Arbeitskreis innerdeutsche Kontakte“ aus Bad Neustadt zu einer Kirchenpatenschaft ins thüringische Zeulenroda fährt. Diesmal bespitzelt nicht nur die Staatssicherheit Reisegruppe und BR-Journalisten, es gibt außerdem noch einen Spitzel in der Reisegruppe, der im Landkreis Rhön-Grabfeld wohnt und nach der Reise Details nach Suhl berichtet.

Die Städtepartnerschaft zwischen Suhl und Würzburg gerät 1988/1989 in die turbulenten Monate der friedlichen Revolution und des Niedergangs der DDR. Dieses Buch ist auch der Geschichte des „Freundeskreises Würzburg – Suhl“ gewidmet, dessen Gründer und Motor

Bernd Höland abseits der offiziellen Städtepartnerschaft Menschen aus Ost und West zusammenbringen wollte, bis zuletzt bekämpft von der Staatssicherheit, die über Bernd Höland die Akte „Drahtzieher“ anlegte.

Und dann: der 9./10. November 1989 – eine Nacht, die keiner vergisst. Mauer und Grenze fallen. In den darauffolgenden Wochen und Monaten finden journalistische Reisen nach Südthüringen und in eine DDR statt, in der nichts mehr war wie vorher. Ich war Zeitzeuge von Weltgeschichte vor der unterfränkischen „Haustüre“.

Ich komme als Westjournalist zu einem Gefängnisaufstand, im Dezember 1989 fährt zum ersten Mal ein Übertragungswagen des BR nach Suhl und meldet sich vom Weihnachtsmarkt.

In der Nacht zum 3. Oktober 1990 feiern Tausende am ehemaligen Grenzübergang Eußenhausen-Meiningen die Wiedervereinigung.

1992/1993 tauchen die beiden Stasiakten auf. Auf mehr als 400 Seiten dokumentieren sie die Reisen in die DDR und bieten so auch den roten Faden durch dieses Buch.

Mehr und mehr wird in den folgenden Jahren und Jahrzehnten klar, auf welchem Pulverfass gerade die Menschen in Unterfranken und Thüringen an der Nahtstelle zwischen Ost und West, zwischen Warschauer Pakt und NATO, saßen.

Über dreißig Jahre sind seit Mauerfall und Wiedervereinigung vergangenen. Mehr als eine Generation ist nachgewachsen, die diese Geschichten und Erlebnisse – wenn überhaupt – nur aus Erzählungen kennt und die sie oft nicht glauben kann, weil sie so unwirklich klingen.

In diesem Buch veröffentliche ich weite Teile meiner Stasiakte im Wortlaut. Zahlreiche Mitarbeiter der Stasi, die darin mit Decknamen erwähnt werden, sind mir mit ihren „Klarnamen“ bekannt. Ich verzichte aber über 30 Jahre nach Ende der DDR darauf, ihre Namen zu veröffentlichen. Viele von ihnen wurden bereits kurz nach Öffnung der Akten entlarvt, einige verloren ihren Arbeitsplatz. Ich persönlich habe durch die Spitzeleien keine Nachteile erlebt. Die Veröffentlichung der Akte soll aber zeigen, welches perfide System hier Einheimische wie Gäste überwachte. Nichtigkeiten und Belangloses wurden mitunter stur notiert, nur um „den Auftrag“ zu erfüllen. Ich wurde zwar oft wie ein Staatsfeind behandelt, gab dazu aber keinen Anlass. Für mich standen immer die Begegnungen mit Deutschen aus zwei deutschen Staaten im Vordergrund. Ich erfuhr die Schönheit vieler Landschaften in der DDR und wollte sie durch meine journalistische Tätigkeit vermitteln. Für mich war eine deutsche Wiedervereinigung lange Zeit illusorisch, obwohl immer wünschenswert, und ich empfand die DDR nie als Ausland.

Kindheit in 25 Kilometern Luftlinie zur DDR-Grenze

Meine Heimatstadt Zeil am Main liegt keine 25 Kilometer Luftlinie von der Landesgrenze zu Thüringen entfernt. Aber in meiner Kindheit spielte die nahe DDR zunächst keine Rolle. Dabei war die Grundlage meiner späteren Affinität „nach drüben" schon sehr früh gelegt. Es war Ende der fünfziger Jahre, die innerdeutsche Grenze war noch durchlässig, die Mauer noch nicht gebaut. Da schickten katholische Kirchengemeinden DDR-Kinder zur Erholung zu westlichen Familien, die sich über die Pfarreien gemeldet hatten. So kam auch U. aus einer Familie im sächsischen Bautzen zu uns nach Zeil am Main, als ich noch ein kleines Kind war. Der Kontakt zu ihrer Familie war geknüpft, nach dem Besuch im Westen wurde er durch Briefe wachgehalten.

Es kam der 13. August 1961. Die Berliner Mauer wurde gebaut, auch durch das restliche Deutschland zog sich von der Ostsee bis in den Frankenwald eine knapp 1400 Kilometer lange Grenze, die mehr und mehr als Bollwerk gegen den Westen errichtet wurde. Zunächst mit Stacheldraht und Wachtürmen, dann mit Minen, Selbstschussanlagen und einem Metallgitterzaun. Direkte Besuche waren nicht mehr möglich.

Geschenksendung – keine Handelsware im „Westpaket"

Auch für meine Familie begann Anfang der sechziger Jahre die Zeit der „Westpakete". Ende November brach meine Mutter zum „Großeinkauf für drüben" auf. Seife und Shampoo, Schokolade, Bonbons und vor allem „Bohnenkaffee", wie damals noch extra im Gegensatz zum „Kaffeeersatz" betont wurde. Rechtzeitig vor der Adventszeit wurde das Paket für Bautzen gepackt. Wichtig waren eine ausführliche Inhaltsangabe und ein großer Zettel: „Geschenksendung, keine Handelsware". Verboten waren Presseerzeugnisse aller Art. Für mich schon damals unverständlich. Welche Angst haben die vor Geschriebenem? Nicht einmal in eine alte Tageszeitung durfte etwas eingepackt werden. Und sie haben alles nach Geschriebenem durchsucht. Für den Sohn unserer Freunde haben wir einmal FC-Bayern-Bettwäsche hineingelegt und in das Betttuch eine Ausgabe des Fußballmagazins „Kicker" hineingewickelt. Die Bettwäsche kam an, die Zeitung war bei der „Postkontrolle" herausgeholt worden. Zwei bis drei Wochen war das Paket dann in die DDR unterwegs, wurde durchleuchtet, geöffnet und kontrolliert, ehe es dann kurz vor Weihnachten bei der befreundeten Familie in Bautzen ankam und eine riesige Freude auslöste. Und immer auch ein bisschen „schlechtes Gewissen", wie dem herzlichen Dankesbrief zu entnehmen war. Parallel zu diesem Brief kam dann meist auch ein Paket aus der DDR. Mit einem inliegenden länglichen Karton, der schon vor dem Öffnen weiß staubte: ein Dresdner Christstollen, besser gesagt „Dresdner Weihnachtsstollen", wie auf der Verpackung stand. Dazu gab es für uns Kinder kleine Geschenke. Sozialistisch angehauchte Kinderbücher und ab und zu einen kleinen Sandmann. Die Kinderbücher haben wir oft nicht verstanden. Da war viel von Frieden die Rede, es waren aber Panzer abgebildet, die „vor den Feinden schützen".

„Ostzone" schauen

Den Sandmann kannten wir Westkinder auch. Denn in Zeil am Main konnten wir fünf Fernsehprogramme empfangen: ARD, ZDF, „das Dritte" (Bayerisches Fernsehen) und als Zugabe DFF 1 (Deutscher Fernsehfunk) und später DFF 2. Das DDR-Fernsehen sendete auch nach der Umstellung in beiden Ländern auf Farbe für uns Westdeutsche in schwarz-weiß und umgekehrt. Denn die zwei deutschen Staaten hatten zwei unterschiedliche Farbfernsehsysteme eingeführt. Im Westen 1967 das PAL-System, zwei Jahre später folgte die DDR 1969 mit SECAM. Deutschland war also auch hier jetzt geteilt.

Das war uns Kindern egal. Wir schauten jeden Abend kurz vor 19 Uhr im DDR-Fernsehen das Sandmännchen. Die kleine Geschichte beim „Abendgruß vom Fernsehfunk", die da immer erzählt wurde, von „Pitti Platsch, dem Lieben" oder dem Fuchs führte zwar immer wieder auch mal ins „FDJ-Zeltlager" oder thematisierte den „Friedenskampf", aber das berührte uns als Kinder noch nicht. Auch am Samstagnachmittag wurde „Ostzone geschaut" – Professor Flimmerich zeigte wunderbare Märchenfilme aus osteuropäischer Produktion. „Mach doch endlich die Ostzone aus", höre ich noch heute unseren Vater, geprägt durch seine lange russische Kriegsgefangenschaft. Aber Sandmännchen und Märchenfilme durften doch zu unserem regelmäßigen Fernsehalltag gehören. Ich erinnere mich auch noch an den legendären DDR-Sportreporter Heinz Florian Oertel, der jubelnd von Olympischen Spielen berichtete, bei denen die DDR-Mannschaft regelmäßig die „Mannschaft der BRD" hinter sich ließ. Und dann war da natürlich noch Karl Eduard von Schnitzler und sein „Schwarzer Kanal", das Gegenstück zum „ZDF-Magazin" und Gerhard Löwenthal. Hier wurden gegenseitig Ausschnitte aus dem

Fernsehen der anderen Seite kommentiert und ideologisch verbogen. „Sudel-Ede“ hieß Karl Eduard von Schnitzler auch bei vielen DDR-Bürgern. Und ebenso kann ich mich noch an das DDR-Werbefernsehen im DFF erinnern: „Tausend Tele-Tipps“ hieß es. 1976 wurde es eingestellt. Ab da gab es das Werbefernsehen nur noch im Westen als Schaufenster des Kommerzes und des westdeutschen Wirtschaftswunders.

Erstmals an der Zonengrenze

Dass es da zwei deutsche Staaten gab und die Grenze nicht weit von meiner Heimatstadt verlief, wurde mir erst bewusst, als ich mit elf Jahren in das Internat Kilianeum nach Bad Königshofen ging. Jetzt war die DDR-Grenze nur wenige Kilometer entfernt, und ich weiß noch, wie wir das erste Mal mit der Schulklasse „am Zaun“ standen. Mehrmals wurde uns eingeschärft, den weiß-blauen und den dahinter liegenden schwarz-rot-goldenen Pfahl mit dem DDR-Hoheitszeichen „Hammer und Zirkel“ auf keinen Fall zu übertreten. Uns erklärte ein Mann des Bundesgrenzschutzes den Aufbau der Grenze. Auf der anderen Seite tauchten plötzlich DDR-Grenzsoldaten auf und hatten uns mit ihren Ferngläsern fest im Blick. Es war eine Mischung aus Schaudern und Unverständnis und der Frage, warum es hier diese Grenze gab.

Neben dem Kilianeum lag das Krankenhaus von Bad Königshofen, und immer wieder wurde erzählt, dass in der Nacht ein DDR-Flüchtling verletzt eingeliefert worden war, weil er bei der Flucht auf eine Mine getreten war und er sich auf Westgebiet schleppen konnte. Von abgerissenen Gliedmaßen war die Rede. Zudem lösten Wildtiere wie Rehe oder Hasen immer wieder Minenexplosionen aus.

Auch in den Ferien wurde ich hin und wieder mit der DDR-Grenze konfrontiert. Unsere Familie machte oft in der Rhön Urlaub, und die war durch die DDR-Grenze geteilt. Heute gibt es längst wieder vereint die bayerische, hessische und thüringische Rhön. Damals fuhren unsere Eltern mit uns in der Nähe von Hilders regelmäßig an die DDR-Grenze. Plötzlich war die Straße zu Ende, eine Schranke versperrte die Weiterfahrt. In einer Mischung aus Neugierde und Schaudern standen wir an der Schranke, streckten immer wieder mal ein Bein unter die Schranke. Mit dem Ausruf „ich war in der DDR“ ernteten wir aber nur die mahnenden Worte unserer Eltern.

1973 wechselte ich das Internat und ging von Bad Königshofen an den Bodensee. Die DDR-Grenze war plötzlich weit entfernt. Der Geschichtsunterricht brachte es mit sich, dass auch für mich mehr und

BILD 1 Die Grenze war ein Bollwerk aus Metallgitterzäunen, Minenfeldern und an den Grenzübergängen auch solche Fahrzeugsperren. Heute noch zu sehen in einer kleinen Ausstellung am ehemaligen Grenzübergang Eußenhausen – Meiningen.

mehr die Hintergründe klarer wurden, warum es zwei deutsche Staaten gab. Es war die Zeit des Kalten Krieges, zuhause wurden die Grenzanlagen zur DDR weiter ausgebaut. Die Ostpolitik von Willy Brand brachte zwar eine atmosphärische Annäherung von DDR und Bundesrepublik Deutschland, verfestigte aber zugleich bei Vielen im Westen das Gefühl, dass die zwei deutschen Staaten in ihren Blöcken unlösbar verankert sind.

Allerdings gab es allmählich verbesserte Reisemöglichkeiten, vor allem von West nach Ost. Davon konnte auch ich profitieren. Nach meinem Abitur 1978 war ich vom Bodensee wieder in die unterfränkische Heimat gezogen, hatte von 1978 bis 1980 ein Zeitungsvolontariat beim Haßfurter Tagblatt absolviert, nebenbei schon für das frisch gegründete Studio des BR in Würzburg gearbeitet und war dann 1980 ganz zum Bayerischen Rundfunk gewechselt. Die journalistische Arbeit brachte es mit sich, dass ich ab sofort wieder an der DDR-Grenze war. Meine erste Radioreportage im Oktober 1978 führte mich zu einem amerikanischen Manöver im Landkreis Haßberge. Die in Unterfranken stationierte US-Army übte mit tausenden Soldaten und Fahrzeugen direkt an der DDR-Grenze. Im Kriegsfall zwischen Warschauer Pakt und NATO wäre gerade meine unterfränkische Heimat wohl als Erstes im tödlichen Brennpunkt gewesen. Jetzt wurde mir auch deutlich und klar, was wir schon als Kinder beim Spielen an der Straße in Zeil hinauf zum Kapellenberg entdeckten. Vermeintliche Kanalschächte in der Mitte der Straße waren nur Attrappen. An der Seite fand sich eine Kammer, gesichert mit Schloss, die die ganze Straße unterquerte. Hier wäre „im Ernstfall" Sprengstoff deponiert worden, um anrückende feindliche Panzer zu stoppen.

Die Berichterstattung von und über die DDR-Grenze vor unserer unterfränkischen Haustüre gehörte ab sofort zum Bestandteil meines journalistischen Berufsalltags. Und mir wurde klar, dass gerade unsere regionale Mittagssendung „Welle Mainfranken", damals auf Bayern 2, über die verminte Grenze hinweg eine Radiobrücke nach Südthüringen war. Viele Menschen bis zum Rennsteig informierten sich hier über das Geschehen in Unterfranken, also die Nachbarschaft, die ihnen vor dem Mauer- und Grenzbau so vertraut war. Eine Fahrt nach Bad Königshofen, Bad Neustadt, Mellrichstadt oder Schweinfurt gehörte einstmals zum Alltag. Diese Kontakte waren plötzlich abgeschnitten, und die Landkreise Rhön-Grabfeld und Haßberge standen als „Zonenrandgebiet" mit dem Rücken an einer undurchdringlichen Wand. Geblieben ist vielerorts in Südthüringen aber immer der fränkische Zungenschlag. Der konnte den Menschen in Meiningen oder Hildburghausen auch in den 40 Jahren Sozialismus nicht ausgetrieben werden.

Offene DDR-Tore für das Dorf Ermershausen

Der 19. Mai 1978 hätte weltweit Schlagzeilen aus einem kleinen Dorf in den Haßbergen machen können – es wurden nationale. Ermershausen liegt nur wenige hundert Meter von der Grenze nach Thüringen entfernt und somit direkt an der innerdeutschen Grenze und am Metallgitterzaun mit Minenstreifen. In Bayern lief die Gebietsreform, und Ermershausen hatte sich vergeblich gegen eine Eingemeindung ins benachbarte Maroldsweisach gewehrt. Tagelang hatten die Ermershäuser zusammen mit ihrem langjährigen Bürgermeister Adolf Höhn das Rathaus bewacht. Die Gemeindeakten wollten sie nicht herausgeben, die Türschlösser hatten sie mit Blei ausgegossen. In den Morgenstunden des 19. Mai 1978 rückten auf Anordnung der bayerischen Staatsregierung einige Hundertschaften bayerische Bereitschaftspolizei an und sperrten das Rathaus ab, um die Akten zu holen. Ohnmächtiger Zorn der Ermershäuser war die Folge. Das hatten sie nicht erwartet. Ein alter Ermerhäuser war vom Lärm einfahrender Lastwagen aufgewacht, hatte aus dem Fenster geschaut und viele Uniformierte gesehen. Er weckte seinen Sohn mit dem Ruf: „Steh auf, die Russen sind da.“ Es war „nur“ die bayerische Polizei, aber auch in der benachbarten DDR war man hinter den Grenzzäunen aufmerksam geworden. Die Kirchenglocken in Ermerhausen läuteten mitten in der Nacht Sturm, Barrikaden wurden errichtet, es half nichts. Die Polizei war in der Überzahl.

In ihrer Verzweiflung hatte eine größere Personengruppe einen abenteuerlichen Plan, um spektakulär auf sich aufmerksam zu machen. Was in der Berichterstattung über den Polizeieinsatz unterging, bestätigte Bürgermeister Adolf Höhn Jahre später in einem Interview mit dem BR: „Etwa 50 Ermershäuser Bürger, darunter Frauen und Kinder, hatten sich in der Früh aufgemacht in Richtung DDR. Die war nur einige 100 Meter entfernt. Nach dem Motto: Die da hüben sind nicht besser als die da drüben. Und die sind wirklich mit Kind und Kegel in Richtung DDR marschiert. Sie waren 50 Meter vor der Grenze, ich bin dann mit dem Auto hinterhergefahren und habe gesagt: Bitte tut das nicht, geht nicht rüber.“ Adolf Höhn berichtete in dem BR-Interview, dass die DDR plötzlich Tore im Grenzzaun geöffnet hatte und aus Lautsprechern Marschmusik ertönte, als wolle sie sagen: „Geht rüber, das Tor ist offen.“ Der Zug stoppte nach der Bitte des Bürgermeisters und kehrte ins Dorf zurück.

Die nahe DDR spielte auch ein paar Jahre später eine Rolle, als die Bürger aus Protest die Landtagswahlen boykottierten. Stattdessen trafen sich viele Bürger vor dem Rathaus, banden ihre Wahlbenachrichtigungskarten an Luftballons und ließen sie in die DDR abtreiben. Kommentar von Ex-Bürgermeister Höhn ins BR Mikrofon: „Soll doch der Herr Honecker mal mit Herrn Strauß reden, die zwei können ja besonders miteinander.“

Als 1989 die Mauer fiel, hielt der „Freiheitskampf“ der Ermershäuser noch an. Erst in der Neujahrsnacht zum Jahre 1994 bekam das Dorf unter dem damaligen neuen Ministerpräsidenten Edmund Stoiber seine Selbständigkeit wieder, der Polizeieinsatz im Mai 1978 wurde inzwischen auch von der CSU als Fehler bezeichnet. Und die nachwachsende Generation in Ermershausen kann Jahrzehnte später zwei Ereignisse rund um ihr Dorf kaum nachvollziehen: dass hunderte bayerische Polizisten nachts Akten aus dem Ermershäuser Rathaus holten und dass wenige Meter hinter der Dorfgrenze eine Grenze mit Metallgitterzaun und Minen ins benachbarte Thüringen war.

Livesendung vom Minenräumen

Es war ein sonniger Junitag im Jahre 1984. Das regionale Mittagsmagazin „Welle Mainfranken“ auf Bayern 2 kam an diesem Tag live von der DDR-Grenze bei Trappstadt im Landkreis Rhön-Grabfeld.

Die DDR hatte beschlossen, Minen zu räumen, zu erneuern und auch die Selbstschussanlagen SM 70 am vorderen Grenzzaun zu demontieren. Die Vereinten Nationen hatten zwar schon am 10. Oktober 1980 das Verbot solcher Sprengfallen beschlossen, die DDR unterschrieb das Protokoll aber erst im April 1981 und wusste, dass das Verbot erst zum 1. Dezember 1983 in Kraft treten würde. 71 000 Selbstschussanlagen des Typs SM 70 waren montiert worden, das erste Todesopfer gab es durch eine Explosion bei einem Fluchtversuch am 14. November 1972, das letzte am 22. März 1984. Zudem war der Abbau der SM 70 Teil der Vereinbarung der DDR mit Franz-Josef Strauß beim Abschluss des „Milliardenkredits“.

Und jetzt also auch der Abbau an der Grenze zu Unterfranken. Unter höchsten Sicherheitsvorkehrungen, denn ganze Zaunabschnitte wurden demontiert und erneuert, die Grenze war also „offen“. Für die Übertragung außerhalb von Trappstadt benötigten wir eine Postleitung. Die hatte ein Bautrupp der Post schon einige Tage vor der Livesendung hinausgezogen und auf bundesdeutscher Seite direkt an der Grenze deponiert. Schon bei diesen Leitungsarbeiten wurden die DDR-Grenzsoldaten aufmerksam. In Gruppen standen sie auf der anderen Seite, beobachteten mit Ferngläsern und fotografierten alle Montagearbeiten.

BILD 2 Zeitdokumente aus der Fotosammlung von Polizeihauptkommissar Erwin Ritter (Bundesgrenzschutz/Bundespolizei): Minensuche bei Behrungen (DDR)/Rappershausen im Jahre 1985.

BILD 3 Verlegen von Bodenminen per Hand hinter dem Metallgitterzaun.

Nachts hatte der Bundesgrenzschutz die deponierte Übertragungsleitung unter verstärkter Beobachtung. Am Tag der Sendung kamen auch viele Menschen aus den Dörfern rundum an die Grenze und umringten den weiß-blauen BR-Übertragungswagen. Den ganzen Vormittag über wurden auf DDR-Seite mit speziellen Räumungspanzern Minen aus dem gepflügten Erdreich geholt, die Maschinen verdeckt mit Planen.

Als Jungreporter war ich besonders aufgeregt, ich hatte die Moderation der Sendung, sollte kurz nach 12 Uhr die Hörerinnen und Hörer und die Gäste vor Ort begrüßen. Um etwa 11.30 Uhr dann plötzlich Bewegung auf DDR-Seite. Die Bergungspanzer verließen den Bereich am vorderen Zaun und waren verschwunden, stattdessen kamen Traktoren mit Pfluggeräten und begannen wie auf einem Acker mit ihrer Arbeit. Bundesgrenzschutzbeamte identifizierten sie als Fahrzeuge aus der nahen Landwirtschaftlichen Produktionsgenossenschaft (LPG). Die Sendung begann, ich begrüßte die Menschen vor Ort „und die Hörerinnen und Hörer in Ost und West" und dankte auch der LPG für „ihre landwirtschaftlichen Vorführungen". Kurz nach der Livesendung verschwanden die Traktoren wieder und die Bergepanzer für die Minen tauchten wieder auf, setzten ihre Arbeit fort.

BILD 4 **DDR-Grenzposten mit Krad.**

BILD 5 **Grenzarbeiten an der vorderen Reihe in Höhe Behrungen/Rappershausen im August 1985.**

Später wurde bekannt, dass die LPG tatsächlich kurzfristig und überraschend den Auftrag bekam, in der Mittagsstunde vor den Augen des Westpublikums zu pflügen.

Gründe wurden nicht genannt. Dankbar waren die Menschen auf der DDR-Nachbarseite aber für unsere Mittagssendung. Da hörten sie Details über die Minen- und Selbstschussanlagenräumung vor ihrer Haustüre, denn dieses Thema wurde in den staatlichen DDR-Medien wie immer komplett ausgespart.

Nie vergessen werde ich den Reportereinsatz, als ich die Übergabe eines Wetterballons am Grenzübergang Eußenhausen-Meiningen begleitete. Der Ballon zur Aufnahme von Wetterdaten war in der DDR aufgestiegen und dann nach Westen abgetrieben. Gemäß Vereinbarungen wurden solche Gegenstände von Zeit zu Zeit ausgetauscht. Über ein „rotes Telefon" wurde ein Übergabezeitpunkt vereinbart. Eine solche Übergabe durfte ich begleiten. Ohne Tonbandgerät ging ich mit dem Bundesgrenzschutzbeamten in Richtung Grenze. Wir liefen auf der Fahrstraße den Berg hinauf und blieben an der weißen Linie stehen. Von der anderen Seite aus kamen zwei DDR-Grenzsoldaten, einer bewaffnet mit einer umgehängten Kalaschnikow. Ich wurde wohl unruhig, denn der BGS-Mann sagte zu mir „ganz ruhig, die beißen nicht".

BILD 6 **Die Grenzanlage bei Weimarschmieden im Landkreis Rhön-Grabfeld.**

In zwei Meter Abstand blieben die DDR-Grenzer stehen, musterten mich, sagten aber nichts. Auf das „Grüß Gott" aus dem Westen kam ein kurzes „Guten Tag" von der anderen Seite.

„Ich habe heute mal jemand mitgebracht", meinte der BGS-Mann. Schweigen. „Hier der Wetterballon, wie vereinbart", jetzt folgte ein kurzes „Danke" nach der Übernahme. Das war's. Die beiden drehten sich um und marschierten zurück. „Na dann eben nicht", sagte der BGS-Beamte noch. Bei unserem Zurücklaufen spürte ich Erleichterung, denn ich hatte ein mulmiges Gefühl. Die eiskalte Atmosphäre passte zum kalten Wetter an diesem Tag mitten in Deutschland am Grenzübergang Eußenhausen-Meiningen.

Oder unsere Livesendung aus Breitensee, das im Grabfeld direkt am Grenzzaun liegt. Am 13. August 1986, am Jahrestag des Berliner Mauerbaus, kamen wir mit dem BR-Übertragungswagen auf den Dorfplatz. Die Dorfgemeinschaft hatte für die Liveübertragung unserer Mittagssendung Bierbänke aufgestellt, es gab Bratwürste, ein richtiges kleines Volksfest, obwohl der Tag eigentlich kein Festtag war. Vormittags liefen wir die 500 Meter vor das Dorf zur Grenze. Auf der anderen Seite tauchten sofort Grenzsoldaten auf, wir wurden fotografiert, und da wir in den Tagen vor der Sendung bereits im Radio Werbung für die Sen-

BILD 7 **Grünfutterernte unter Bewachung von DDR-Grenzposten vor dem Grenzzaun in der Rhön auf DDR-Gebiet – die deutsch-deutschen Grenztruppen fotografieren sich gegenseitig.**

dung gemacht hatten, war klar, dass auch „drüben“ alle Bescheid wussten. Und zwar offizielle Stellen genauso wie die Bevölkerung, wie wir im Nachhinein erfuhren. Die DDR-Dörfer entlang der Grenze „hingen“ an den Radiogeräten, als wir um 12.05 Uhr auf Sendung gingen. Die Brücke durch die Luft funktionierte. Es gab Livegespräche rund um „das Leben am Zaun“. Erich Zeißner war damals Leiter der Grenzpolizeiinspektion Mellrichstadt. Von ihm wollten wir wissen, wie der direkte Draht zu den Grenzsoldaten der DDR ist. „Jede Ansprache nach drüben wird erst gar nicht beantwortet. Die fotografieren uns aus zwei Meter Entfernung oder schauen uns aus drei Meter Entfernung mit dem Fernglas an. Und obwohl wir es immer wieder zu versuchen, keinerlei Reaktion von drüben.“

Ein Bürger berichtete dann am Mikrofon, er sei mit einem Ehepaar aus der DDR, das zu Besuch in Westen war, von der Westseite aus an der Grenze gewesen. Die beiden hätten sich immer wieder ängstlich umgedreht, als ob sie etwas suchten. Auf Nachfrage meinten sie: „Wo ist Eure Polizei?“ Sie konnten nicht verstehen, dass die Grenze weitgehend unbeobachtet und unbewacht war. Auch die Frage nach einer möglichen Wiedervereinigung kam.

Daran konnte niemand glauben.

Erster Besuch in der DDR

Bewegung in meine persönliche DDR-Geschichte kam 1984. Ein Jahr zuvor hatte ich meine Frau Monika geheiratet. Sie hatte mitbekommen, dass wir jährlich Pakete nach Sachsen verschickten, sie hatte Briefe unserer Freunde und Bekannten aus der DDR gelesen, und sie stellte die einfache Frage: „Warum fahren wir da nicht mal hin?“ Um die Genehmigung einer Reise aus dem Westen in die DDR zu bekommen, benötigte man eine Einladung „von drüben“. Unsere DDR-Gastgeber beantragten für uns das Visum. Mit Hilfe der sogenannten „Zählkarte für Bürger der BRD“.

Als die Genehmigung aus der DDR nach einigen Wochen kam, gab es die erste Überraschung, die zeigte, dass der „Arm der Staatssicherheit“ in die Bundesrepublik lang war. Als Beruf hatte ich „Journalist“ angegeben, mehr nicht. Im Visum stand dann: „Journalist, Bayerischer Rundfunk, Rotkreuzstraße 2a, 8700 Würzburg“. Die DDR wusste also genau, wer ich war. Mir war damals überhaupt nicht klar, dass ich von Anfang an immer gut beobachtet wurde.

Und dann stand die erste Reise in die DDR an. Vom 31. Oktober bis zum 5. November 1984. Das Auto war vollgepackt mit Genusswaren aus dem Discounter. Ein mehrfaches „DDR-Paket“. Also Seife und Shampoo, Schokolade und Kaffee, aber auch Waschmittel und Ananas. Beides wird gleich noch eine Rolle spielen.

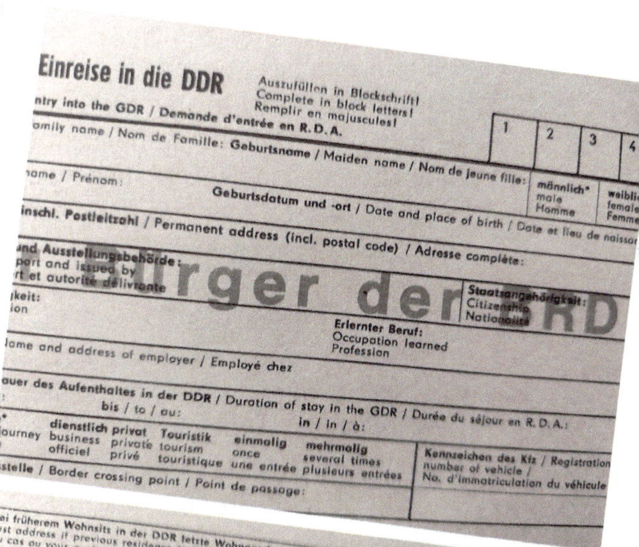

Einreise in die DDR
Auszufüllen in Blockschrift! Complete in block letters! Remplir en majuscules!
ntry into the GDR / Demande d'entrée en R. D. A.
1 2 3 4
amily name / Nom de Famille: Geburtsname / Maiden name / Nom de jeune fille:
männlich* male Homme — weibli… female Femme…
name / Prénom:
Geburtsdatum und -ort / Date and place of birth / Date et lieu de naissa…
inschl. Postleitzahl / Permanent address (incl. postal code) / Adresse complète:
und Ausstellungsbehörde: port and issued by t et autorité délivrante
Bürger der BRD
Staatsangehörigkeit: Citizenship Nationalité
keit: ion
Erlernter Beruf: Occupation learned Profession
ame and address of employer / Employé chez
auer des Aufenthaltes in der DDR / Duration of stay in the GDR / Durée du séjour en R. D. A.:
bis / to / au: — in / in / à:
dienstlich business officiel — privat private privé — Touristik tourism touristique — einmalig once une entrée — mehrmalig several times plusieurs entrées
Kennzeichen des Kfz / Registration number of vehicle / No. d'immatriculation du véhicule
sstelle / Border crossing point / Point de passage:

BILD 8 Einreise in die DDR gab es für Bundesbürger nur mit dieser „Zählkarte“ (Vorderseite).

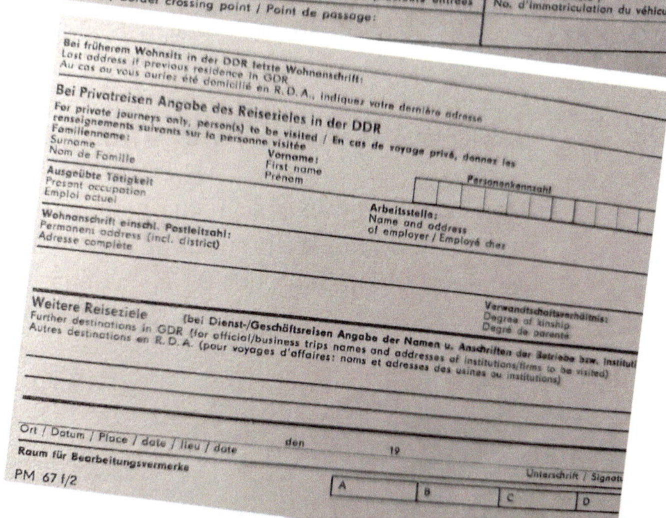

Bei früherem Wohnsitz in der DDR letzte Wohnanschrift: Last address if previous residence in GDR Au cas ou vous auriez été domicilié en R. D. A., indiquez votre dernière adresse
Bei Privatreisen Angabe des Reisezieles in der DDR
For private journeys only, person(s) to be visited / En cas de voyage privé, donnez les renseignements suivants sur la personne visitée
Familienname: Surname Nom de Famille — Vorname: First name Prénom
Personenkennzahl
Ausgeübte Tätigkeit Present occupation Emploi actuel
Arbeitsstelle: Name and address of employer / Employé chez
Wohnanschrift einschl. Postleitzahl: Permanent address (incl. district) Adresse complète
Verwandtschaftsverhältnis: Degree of kinship Degré de parenté
Weitere Reiseziele (bei Dienst-/Geschäftsreisen Angabe der Namen u. Anschriften der Betriebe bzw. Instituti…
Further destinations in GDR (for official/business trips names and addresses of institutions/firms to be visited)
Autres destinations en R. D. A. (pour voyages d'affaires: noms et adresses des usines ou institutions)
Ort / Datum / Place / date / lieu / date — den — 19
Raum für Bearbeitungsvermerke
Unterschrift / Signat…
PM 67 f/2
A B C D

BILD 9 Mit der von den DDR-Behörden auf der Zählkarte (Rückseite) genehmigten Einreise ging es nach dem „Pflichtumtausch“ am Zielort zur Anmeldung bei der Volkspolizei.

Jeder Tag in der DDR kostete 25 DM „Zwangsumtausch“ (Westjargon) oder „Mindestumtausch“ (Ostversion). Um schon den ersten Tag gut auszunutzen, ging es bereits in den frühen Morgenstunden los. Grenzübergang Hof-Hirschberg. Auf westlicher Seite kurze Frage „wohin?“, das war es. Erste Kontrolle auf DDR-Gebiet: Pass, Visum, sogenannte Zählkarte. Kurze, knappe Fragen. „Wohin geht die Reise?“ Die Unterlagen verschwanden in einer Plastikmappe und wurden weitergereicht. Jetzt der Zoll und der bekannte Satz: „Können Se mal rechts ranfahren, aussteigen, Kofferraum öffnen.“ Während wir nun unser Gepäck in einen separaten Raum tragen mussten, wurden Spiegel unter das Auto gefahren, es könnte ja darunter etwas versteckt sein. „Rücksitz nach vorne!“ – gründlich wurde der Autoboden im Innenraum untersucht, dazu das Handschuhfach, Blick unter die Motorhaube. Der Tank wurde abgeklopft. Schließlich hatte es schon doppelte Wände im Tank gegeben in dessen Innerem Menschen versteckt worden sind ... Wichtiger war dieser Teil der Kontrolle verständlicherweise bei der Ausreise aus der DDR.

Dann war das Gepäck an der Reihe: Koffer und Taschen öffnen, Waschmitteltrommel und Ananas mussten zu einem großen Kasten getragen werden und wurden geröntgt. Nach ca. 45 Minuten mit wenigen Worten kam das Kommando „wieder einzuräumen!“, die Pässe – jetzt mit Einreise- und Visastempel – wurden zurückgegeben. „Schönen Aufenthalt in der Deutschen Demokratischen Republik.“ Wir konnten fahren und waren in der DDR. In der kalten Jahreszeit rochen wir das auch sofort. Die Schwaden aus den häuslichen Kohleöfen hingen über dem Land, dazu der „Zweitaktduft“ aus Trabis und Wartburgs.

Die Begrüßung bei unseren DDR-Freunden war überaus herzlich. Wir luden unsere Geschenke aus. Seife, Shampoo, Schokolade wurden auf dem Esstisch aufgehäuft. Und dann saßen unsere Gastgeber da und bewunderten „die Farbe und den Geruch der Seife“. Immer und immer wieder wurde ein Seifenstück in die Hand genommen, gedreht, beschnuppert. Uns waren solche Situationen immer eher peinlich. Die „reichen Westler“ wollten wir nie sein.

Der Zwangsumtausch und die Volkspolizei

Uns stand der nächste unangenehme Verwaltungsakt bevor: Zwangsumtausch/Mindestumtausch und die Anmeldung bei der Volkspolizei. Zunächst also „Bank der DDR“. Wollten wir vier Tage bleiben, galt es 25 DM x 5 x 2 umzutauschen. 250 Ostmark wollten in diesen Tagen erst

BILD 10 Die Festung in Königstein in Sachsen – ein mystisches Bild aus dem Fotoalbum vom Besuch 1986.

BILD 11 **Die Basteibrücke in der Sächsischen Schweiz, ein Foto aus dem Jahre 1984.**

mal ausgegeben sein. Nächste Station Volkspolizei: „Anmeldung". Zunächst ins Wartezimmer. Da saßen wir dann zusammen mit Landsleuten Ost. Als „Westler" waren wir allein schon wegen unserer Kleidung identifiziert worden. Mitunter ließ man uns besonders lange warten. Und so ergab sich die Situation, dass DDR-Bürger bei den Vopos protestierten, warum wir eigentlich so lange warten müssten (danke!). Das hätten wir selbst auch machen können, aber Protest wegen zu langen Wartens bedeutete meist noch länger warten, sei es an der Grenze oder bei der Volkspolizei. Und dann waren wir an der Reihe, reichten Pass und Umtauschbescheinigung der Staatsbank über den Tisch. Sehr lange wurde geprüft und dann gefragt: „Woher kennen Sie diese Familie? Was wollen sie an den vier Tagen machen?" „Land und Leute kennen lernen" – und das haben wir auch ausführlich gemacht.

Unseren „Westwagen" stellten wir immer gleich in die Garage unserer Gastgeber, Fahrten in die Lausitz, zur Bastei in der Sächsischen Schweiz, zur Festung Königstein, in das Zittauer Gebirge, nach Dresden oder an die deutsch-polnische Grenze nach Bad Muskau unternahmen wir immer im Fahrzeug unserer Gastgeber.

Schon die erste Reise war voller Herzlichkeit. Vor allem am Abend, wenn die Rollos unten waren und wir im Wohnzimmer für uns sein konn-

BILD 12 **Das zu DDR-Zeiten zerfallene Schloss des Fürst Pückler in Bad Muskau (Foto aus dem Jahre 1986) ist heute wieder aufgebaut.**

ten, wurde gescherzt und gelacht. Wir lernten den Galgenhumor von DDR-Bürgern kennen. DDR-Witze machten die Runde. Getrunken wurde ein bulgarischer Schaumwein, der uns besonders geschmeckt hat. Viele Flaschen wurden im Laufe unserer Besuche geleert. Erst nach der Wende erfuhren wir, dass sich unsere Freunde für jede einzelne Flasche mitunter zwei Stunden anstellen mussten. Unsere Besuche wurden so wochenlang vorbereitet, denn unsere Gastgeber wollten „etwas zurückgeben". Die herzliche Gastfreundschaft haben wir immer genossen. Und auch das ist mir in lebendiger Erinnerung: Baffy, der wuschelige Hund unserer Gastgeber, musste für ein Leberwurstexperiment herhalten. Auf zwei kleinen Tellern wurde jeweils „Leberwurst Ost" und mitgebrachte „Leberwurst West" platziert. Baffy schnupperte kurz an beiden Tellerchen und entschied sich immer für die „Leberwurst West".

DDR-Speisen lernten wir bei unseren Besuchen in HO-Gaststätten (HO für Handelsorganisation) kennen. „Soljanka", „Beefsteak mit Mischgemüse" oder „Broiler" (Hähnchen) sind noch in lebendiger Erinnerung. Dazu meist Aluminiumbesteck, „das an Frontbesteck erinnerte", um einen gelernten DDR-Bürger zu zitieren. Die HO war staatlich und gegliedert in die Bereiche Industriewaren, Gaststätten, Lebensmittel, Warenhäuser und Hotels. Dazu gab es noch die Konsum-Geschäfte

BILD 13 **Baffy, der Hund unserer Freunde in der Oberlausitz, als Leberwurstexperte im Ost-West-Vergleich.**

und für den „gehobenen Bedarf“ die Exquisit- und die Delikatläden. In den „Intershops“ konnte nur mit westlichen Devisen eingekauft werden. Dort gab es dann auch „Westwaren“. 1979 wurde der Forumscheck eingeführt. DDR-Bürger mussten dafür Westgeld in der Bank der DDR umtauschen und konnten damit dann im Intershop einkaufen.

Peinliche Bevorzugung mit Westgeld

Beim Betreten einer Gaststätte mussten wir warten, bis wir „platziert“ wurden. Was wir „Westler“ erst über dreißig Jahre später während der Corona-Pandemie (freilich aus anderen Gründen) lernten, war in der DDR strenge Regel. So konnte man auch in den staatlichen Gaststätten die belegten und freien Tische steuern. Ich werde nie jene peinliche Situation in Dresden vergessen, als wir hungrig in einer langen Schlange die Treppe hinauf zur Tür eines Restaurants anstanden. Der Blick durch den Eingang war durch lange, schwere Vorhänge unmöglich. Immer wieder mal, in längeren Abständen, öffnete sich die Tür und die nächsten Gäste wurden hereingelassen. „Jetzt hilft nur Westmark“, flüsterte unser Gastgeber. Und so machten wir es auch. Links ging es mit ge-

BILD 14 Ungewohntes Politschaufenster für den Westbesuch am Geschäft für Wäsche.

BILD 15 Trabiparkplatz in der Oberlausitz 1987.

mischten Gefühlen an der Schlange vorbei die Treppe hoch. Kurzes Klopfen an der Tür, und der DM-Schein war der Türöffner. Wir staunten nicht schlecht. Die Hälfte des großen Restaurantraums war leer und mit einer Kordel abgesperrt. Der Westkunde war hier König, gezahlt wurde in DM. Es war aber schlicht unangenehm. Gästen wie Gastgebern.

Unvergessen auch der Besuch in einem Café in Bad Muskau: Überraschend stand da eine „Ananas-Zunge“ auf der Speisekarte. Diese Südfrucht gehörte nicht gerade zu den normalen Lebensmitteln in der DDR. Langes Schlangestehen war die Folge, wenn eine „Ladung“ Ananas auch die DDR außerhalb der „Hauptstadt der DDR“ erreichte. Als wir einmal eine Ananas mitbrachten, fragte der etwa achtjährige Sohn aus der Verwandtschaft unserer Freunde: „Was ist das denn für ein Kaktus?“ Und nun also die „Ananas-Zunge“ in Bad Muskau. Wir bestellten sie. Es kam ein Mürbgebäck mit einer vertrockneten Ananasfaser obenauf. Es geht hier nicht um Spott, sondern um Demut und manchmal auch um mehr Bescheidenheit angesichts des eigenen Überflusses und der Tatsache, nur 25 Kilometer von der DDR-Grenze entfernt aufgewachsen zu sein, auf westlicher Seite. Die Grenzziehung der Zonen nach dem Krieg hätte auch anders verlaufen können.

Es war immer sehr schwer, die zwangsumgetauschte Ostmark komplett auszugeben. Nach mehreren DDR-Besuchen waren wir in Besitz unzähliger Schallplatten von Leipziger Gewandhausorchester bis Dresdner Kreuzchor, dazu Kinderbücher, Reiseliteratur quer durch die DDR oder auch Bastelpapier. Restliches Geld landete auch schon mal bei der Heimreise kurz vor dem Grenzübergang im Briefkasten eines Pfarrhauses. Und – noch heute haben wir DDR-Papier und Einkaufsnetze aus der DDR, erworben vor über 35 Jahren mit der zwangsumgetauschten Ostmark.

Die Staatssicherheit wird erstmals aktiv

Nach der ersten Reise 1984 war uns klar: Das wiederholen wir. Liebe Menschen, ein interessantes Deutschland Ost, das es zu erforschen galt. Dass da ein Journalist privat in die DDR reist, machte auch die Staatssicherheit aufmerksam. In Cottbus legte die Stasi in der dortigen Bezirksverwaltung eine Akte an und gab ihr den Namen „Journalist“. Der erste Besuch wurde dort noch nicht vermerkt, aber bevor wir im April 1985 das zweite Mal reisten, wurde der GMS „Walter“ tätig. GMS, das war ein „Gesellschaftlicher Mitarbeiter für Sicherheit“. GMS waren inoffizielle Informanten, die vor Ort wohnten, eine „in der Öffentlichkeit bekannte staatsbewusste Einstellung und Haltung" hatten und das Ministerium für Staatssicherheit, seine Bezirksverwaltungen (BV) und Kreisdienststellen (KD) bei der Überwachung und Informationsbeschaffung unterstützten. Er wusste wohl immer, wann wir in diesem Dorf zu Gast waren, und wird zum ersten Mal mit unserem Namen tätig, als eine Frau aus dem Dorf Antrag für die Ausstellung eines Seefahrtbuches stellte. So ein Seefahrtbuch erleichterte das grenzenlose Reisen. In der Akte „Journalist" steht:

> ***19.03.1985 von GMS „Walter" an KD Hoyerswerda***
>
> *Die Familie L. unterhält Kontakte zur Familie S. Bei der Familie S. reiste in der Zeit vom 31.10. bis 5.11.1984 ein Redakteur des Bayerischen Rundfunks ein. Bei dieser Einreise handelt es sich um die zweite Einreise des Schellenbergers. Es besteht die Möglichkeit, daß die L. mit der Person Schellenberger während seines letzten Aufenthaltes Kontakt hatte.*
> *Im Januar 1985 stellte die L. einen Antrag zur Ausstellung eines Seefahrtbuches. Mir erscheint das insofern merkwürdig, da es sich bei der L. um eine kleine und zierliche Person handelt und sie meiner Meinung nach für diesen Beruf nicht geeignet ist.*
>
> *Maßnahmen:*
> - *Überprüfung der L. in den Speichern des MfS.*
> - *Ermittlung der politischen Einstellung der L. sowie Aufklärung der Gründe für die Antragstellung zur Ausstellung eines Seefahrtsbuches.*
> - *bestehen Kontakte zu der Person Schellenberger, durch die L.*

Überwacht von GMS „Walter"

Am 11. April 1985 dann unsere dritte Reise. Wir waren wieder häufig mit unseren Freunden in deren PKW in der Lausitz unterwegs. Wenige Tage nach unserer Rückkehr in den Westen der Bericht von GMS „Walter", der uns aber wohl nicht lückenlos überwachte.

> ***GMS „Walter" 23.4.85***
>
> *Einreise aus dem NSW (Nichtsozialistisches Wirtschaftsgebiet) zur der Familie S. – wohnhaft L.*
>
> *Am 11.4. reisten genannte Personen Schellenberger bei der Familie S. mit PKW ein. Die Abreise der genannten Personen erfolgte am*

14.4.1985. Während ihres 4tägigen Aufenthaltes verbrachten sie die meiste Zeit in der Wohnung der Familie S. In dieser Zeit wurde ein gemeinsamer Spaziergang durch L. sowie eine PKW-Fahrt in Richtung Hoyerswerda durchgeführt. Während ihres Aufenthaltes konnte ich keine Kontakte durch Personen aus L. mit den eingereisten Personen feststellen. Inwieweit sie Kontakte zu anderen Personen außerhalb von L. hatten, ist mir nicht bekannt.

Wir waren nicht die meiste Zeit im Haus der Familie, aber das ist GMS „Walter" entgangen. Allerdings klingelte er kurz nach unserer Abfahrt zu einer Tagesfahrt zusammen mit unseren Freunden bei deren Nachbarn und wollte wissen „in welche Richtung denn der Westbesuch weggefahren sei". Die Nachbarn stellten sich unwissend und meinten, sie wüssten gar nicht, dass der Nachbar Westbesuch habe.

Verfolgt von schwarzem Auto

In lebhafter Erinnerung ist eine Szene, die wir bei der Rückfahrt aus Zittau zum Haus unserer Freunde hatten. „Hinter uns fährt schon eine ganze Weile ein schwarzer Lada und überholt uns nicht", meinte unser Freund. Wir entschlossen uns, in eine Waldgaststätte zum Abendessen zu fahren, bogen mit dem Fahrzeug ab, der schwarze Lada auch. Kurz nach uns betraten zwei Männer den Gastraum und setzten sich an den Nachbartisch. Wir konnten das Lachen nicht verbergen, denn es war wie in einem Agentenkrimi. Die beiden trugen lange Trenchcoatmäntel, steckten über ihren Gläsern die Köpfe zusammen und verhielten sich unauffällig auffällig. Wir vier waren in guter Stimmung, erzählten ziemlich laut viel Blödsinn und müssen die beiden Herren wohl so irritiert haben, dass sich nichts darüber in der Akte „Journalist" findet. Sie verließen vor uns die Gaststätte.

Sie fragen sich bestimmt, woher ich wusste, dass ich eine Akte habe. Genau genommen sogar zwei: die Akte mit dem Decknamen „Journalist" in Cottbus und die mit dem Decknamen „Antenne" in Suhl. Etwa 400 Seiten kamen bisher zu Tage, und weil ich jetzt ständig aus diesen Akten zitiere, möchte ich dem geschichtlichen Ablauf vorgreifen. Es war im Jahre 1993, die Mauer war über drei Jahre schon gefallen, da bekam ich von Mitgliedern des „Neuen Forum" in Suhl einen Hinweis. Im „Neuen Forum" arbeiteten mutige Menschen aus der Wendezeit, die hatte ich damals bei meinen Reisen und Aufenthalten in Suhl kennen- und schätzen gelernt.

BILD 16 Am Friedberg in Suhl die Außenstelle des Bundesbeauftragten für die Stasiunterlagen. Hier gab es den ersten Einblick in die Stasiakte mit dem Decknamen „Antenne".

BILD 17 Den Bundesbeauftragten gibt es jetzt nicht mehr, die Außenstellen zur Akteneinsicht bleiben, jetzt unter dem Dach des Bundesarchivs.

Menschen aus dem „Neuen Forum“ arbeiteten in der Außenstelle Suhl der sogenannten „Gauck-Behörde“. Joachim Gauck, der spätere Bundespräsident, war von 1990 bis 2000 der erste Beauftragte für die Stasi-Unterlagen. Seine Aufgabe war es, mit seiner Behörde und ihren Außenstellen die Akten des Ministeriums für Staatssicherheit (MfS) zugänglich zu machen.

Und jetzt also gab es Hinweise, dass auch über mich eine Akte gefunden worden war. In Akten von DDR-Bürgern, mit denen ich Kontakt hatte, fanden sich Hinweise und auch Kopien von Schriftstücken, die offensichtlich aus meiner Akte stammten. Ich stellte den schriftlichen Antrag bei der Außenstelle am Suhler Friedberg, und nach einigen Wochen kam die Nachricht, es seien Unterlagen gefunden worden, ich könne sie nach Terminvereinbarung einsehen. Drei bis vier Stunden Lesezeit waren mir angeraten worden, was mich sehr verwunderte. Und dann war er da, dieser aufregende Tag. Ein Bediensteter führte mich in einen Raum, dort lag ein dicker Packen Papier von zunächst 300 Seiten. Ich musste laut auflachen, als ich das Deckblatt sah. Handschriftlich stand da als Aktentitel „Antenne“.

Es war der Aufbruch zu einer Zeitreise. Seitenweise Beobachtungsberichte, abgehörte Telefonate, mitgeschnittene Rundfunkbeiträge, Einschätzungen meiner Person. Sogar Würzburger Studenten hatte die Stasi aufgeboten, die mich in Würzburg bespitzelten – doch zu all dem später mehr. Auch zu den „Inoffiziellen Mitarbeitern“, die mich beobachteten, aushörten und über mich schrieben. Sie waren geschützt mit Decknamen, aber aus der Situation heraus wusste ich sofort, wer sich dahinter versteckte. Enttäuschung? Ja, aber ich hätte eigentlich davon ausgehen müssen, dass so manche Freundlichkeit gespielt und vordergründig war. Ein junger, manchmal auch naiv denkender Journalist hatte einfach nicht die Vorstellungskraft sich auszumalen, was sich hier alles an Bespitzelung hinter den Kulissen abspielte. Eigentlich unbedeutende Ereignisse, aber für die Suhler Provinz und ihre Staatssicherheitsbehörde wohl von großer politischer Wichtigkeit. Suhl war als kleinste Bezirksstadt der DDR von (Ost)-Berlin, „Hauptstadt der DDR“, aus gesehen weitab vom Schuss, „hinter den Bergen“. Da war die Partnerschaft mit Würzburg „ein großes Ding“, und nach der Logik der Stasi war der Mitarbeiter einer öffentlich-rechtlichen Rundfunkanstalt auch ein Nachrichtenlieferant für den Bundesnachrichtendienst (BND). Denn umgekehrt wurde auch versucht, dass Journalistinnen und Journalisten des DDR-Rundfunks Informationen an die Stasi liefern. Für DDR-Behörden war der BR eine staatliche Rundfunkanstalt, da konnte ich noch so oft den Status des Öffentlich-Rechtlichen erklären.

Aber von all dem wusste ich 1985 noch nichts, habe es wie alle anderen nicht mal geahnt und mobilisierte die Staatssicherheit mit meinen zunehmenden DDR-Besuchen privat und beruflich immer mehr.

Der Jurassic Park der DDR

Unsere Freunde in Sachsen zeigten uns Land und Leute. Dabei gab es dann auch Überraschendes. Zum Beispiel den Saurierpark von Kleinwelka bei Bautzen, den „Jurassic Park der DDR". Ganz viele Bilder über unsere Besuche dort finden sich in unseren „Diakästen" aus den Jahren 1984–1989. Dieser einmalige Park war der Initiative und dem Fleiß des Künstlers Franz Gruß zu verdanken. Er schuf diese Saurierlandschaft aus Beton in der Lausitz. Dabei waren Zement bzw. Beton Mangelware in der DDR.

Bei unseren Privatbesuchen haben wir Franz Gruß bei seiner Arbeit an neuen Sauriern gesehen und beobachtet. Gerne hätte ich auch über ihn eine Radioreportage gemacht. Aber Anträge beim „Ministerium für Auswärtige Angelegenheiten – Abteilung journalistische Beziehungen" wurden erst ignoriert, nicht beantwortet und nach mehrmaliger Anfrage mit Antragsstellung schließlich „ohne Begründung" abgelehnt.

BILD 18 **Der Saurierpark in Kleinwelka.**

BILD 19 Überraschende Begegnung mit den Urtieren in der DDR.

BILD 20 Die kämpfenden Dinosaurier wirkten damals wie die beiden deutschen Staaten im „Ringkampf".

BILD 21 Bilder aus dem Fotoalbum von 1985, aber den Park gibt es noch heute.

Osterfeier in der Wellblechkirche

Unsere Freunde waren bekennende Katholiken. Und wir konnten das erste Mal hautnah erleben und verstehen, was Diaspora heißt. Wir wurden eingeladen, das Osterfest gemeinsam in der kleinen Kirchengemeinde unseres Gastortes mitzufeiern. Die „Kirche“ befand sich am Ortsrand. Eigentlich war sie als solche von außen nicht zu erkennen. Das Gebäude war aus Wellblech, sah aus wie ein kleiner Flugzeughangar. Dort fand die Auferstehungsfeier statt. Und der Gang dorthin vorbei an Menschen, die uns geradezu musterten, hatte was von Spießrutenlaufen. Das Gottesdiensterlebnis war sehr intensiv. Eine kleine, fast urchristlich anmutende Gemeinde bekannte ihren Glauben in einer atheistischen, sehr profanen Umgebung.

Ostern in der Lausitz, das hieß aber auch der Besuch des Osterritts. Seit 1541 gibt es diesen Brauch. Die Wittichenauer reiten am Ostersonntag nach Ralbitz. Die atheistische DDR hat dies nie verboten. Und im Gebiet der sorbischen Minderheit in der Lausitz gab es auch in den vierzig Jahren deutsch-deutscher Trennung immer zweisprachige Ortsschilder in Deutsch und in Sorbisch.

Radiosendung: Vergleich des Wiederaufbaus Würzburg – Dresden

Die Würzburger Straße in Dresden. Es ist ein trüber Tag im Jahr 1985, eine Dunstglocke hängt über der Stadt an der Elbe. Ein beißender Geruch von Braunkohle zieht in die Nase. Meine ersten privaten Reisen in die DDR, darunter ein Besuch in Dresden, dabei hatten mir Mut gemacht, mich auch beruflich um die Genehmigung einer Einreise zu bemühen. Nach einem halben Jahr Verhandlung mit dem „Ministerium für Auswärtige Angelegenheiten, Abteilung für journalistische Beziehungen in Berlin, Hauptstadt der DDR“, gab es die Zustimmung für einen fünftägigen Aufenthalt „für Tonaufnahmen“. Ein Vergleich des Wiederaufbaus von Würzburg und Dresden 40 Jahre nach der Zerstörung beider Städte, das war das Thema für ein Radiofeature. Würzburg und Dresden gelten, bezogen auf ihre Fläche, als die am meisten zerstörten deutschen Städte. Weitere Parallele: Das verheerende Bombardement traf beide Städte wenige Wochen vor Ende des Krieges völlig unvermutet. Dresden in der Nacht vom 12. auf den 13. Februar 1945, Würzburg am Abend des 16. März 1945.

Schon bei meinen privaten Besuchen in Dresden war mir aufgefallen, dass es Gemeinsamkeiten und Unterschiede gibt. Historische Gebäude, die wieder aufgebaut worden waren wie die Residenz in Würzburg oder der Zwinger in Dresden, aber eben auch historische Gebäude wie die Dresdner Frauenkirche, die noch in Trümmern lagen. So etwas gab es in diesem Ausmaß in Würzburg nicht. Zäh waren die Verhandlungen. Unzählige Briefe, wenige wurden beantwortet. Telefonisch oft kein Durchkommen. Und dann plötzlich ging es doch. Im Mai 1985 kam die Zustimmung. Warum es dann plötzlich doch ging, erfuhr ich erst zehn Jahre später aus einer Ergänzung meiner Stasiakte:

> ***Ministerium für auswärtige Angelegenheiten,***
> ***Journalistische Beziehungen***
> ***Berlin, den 7.5.1985***
>
> ***Information für General K., Abt. Agitation im ZK der SED***
>
> *Eberhard Schellenberger, Bayerischer Rundfunk/Hörfunk, beabsichtigt eine Sendung über die „Bilanz des Wiederaufbaus" der im 2. Weltkrieg zerstörten Städte Dresden und Würzburg.*
> *Trotz der deutlich gesamtdeutschen Aspekte der übermittelten Konzeption des Antragstellers war nach Vorabstimmung mit Abt. BRD und Dresden dennoch Zustimmung vorgeschlagen worden, unter Berücksichtigung der Tatsache, daß sich die Stadt Dresden offiziell mit einer Sammlung von Fotodokumenten an einer z.Zt. laufenden Ausstellung in Würzburg beteiligt. Wir bitten um Entscheidung.*

Die Entscheidung fiel positiv aus: Zustimmung. Teile meiner Interviewwünsche waren mir allerdings nicht genehmigt worden, wie zum Beispiel ein Interview mit dem Dresdner Oberbürgermeister oder eine Straßenumfrage unter Dresdnerinnen und Dresdnern. Auch hier las ich erst Jahre später die Entscheidung des Ministeriums für Auswärtige Angelegenheiten:

> ***Ministerium für Auswärtige Angelegenheiten, 17.05.85***
> ***Auftrag an das Internationale Pressezentrum***
> ***Eberhard Schellenberger, BRD***
> ***Publikationsorgan Bayerischer Rundfunk, Würzburg***
> ***Terminwunsch 19.–23.6.85***
>
> *Arbeitstitel: Wiederaufbau Dresden*
>
> *Antrag: Arbeitsgenehmigung für Recherchen zu einer Sendung „40 Jahre nach der Zerstörung von Dresden und Würzburg –*

BILD 22 **Beim Besuch 1984 die Frauenkirche ein Steinhaufen, nur das Lutherdenkmal stand unversehrt.**

Bilanz des Wiederaufbaus an Elbe und Main." Antragsteller beabsichtigt für die 30minütige Sendung (parallel zu Würzburg) in Dresden Interviews mit OB, Experten der Denkmalpflege und Bauleuten vor Ort (Dreikönigskirche).

Programmvorschlag soll auf eine betont eigenständige Darstellung des Wiederaufbaus in Dresden hinwirken und nicht die „gesamtdeutsch" und „städtepartnerschaftlich" orientierte Konzeption des Antragstellers unterstützen.
Keine Gesprächsmöglichkeit mit Oberbürgermeister, aber Stadtarchitekt und Vertreter des Rates der Stadt Dresden.

Bedingungen der Realisierung:
Gast des Ministeriums für Auswärtige Angelegenheiten: nein
Kostenlose Betreuung: nein
Selbstzahler: Ja
Vorgesehene Behandlung: normal
Antragssteller wird über Arbeitsmöglichkeit unterrichtet

Anreise dann am 19. Mai 1985. Die Anreise über den Grenzübergang Hof-Hirschberg verlief reibungslos, kurze Kontrolle, die Genehmigung meiner Reise durch das „Ministerium für Auswärtige Angelegenheiten“ wirkte wie ein Türöffner. Gebucht wurde für mich das Hotel Newa in der Prager Straße, im Herzen von Dresden.

Nach dem Frühstück traf ich im Hotelfoyer zum ersten Mal auf meinen „journalistischen Begleiter“. Wir hatten schnell einen menschlichen Draht zueinander, ich erzählte ihm davon, dass Würzburg ähnlich wie Dresden zerstört worden war. Über sich selbst erzählte er auf Nachfrage, er sei Rentner, sei früher in der Leitung eines volkseigenen Elektromaschinenbauunternehmens beschäftigt gewesen und arbeite jetzt ab und zu noch als Betreuer für das Internationale Pressezentrum. Eine erfundene Geschichte, in Wirklichkeit stand er auf der Gehaltsliste der Staatssicherheit, aber auch das erfuhr ich erst knapp zehn Jahre später aus meiner Stasiakte.

Das Interview in der Würzburger Straße in Dresden

Drei Tage wurden mir dann vorbereitete Gesprächspartner vorgeführt: Denkmalpfleger, Architekten, SED-Funktionäre. Für eine lebendige Sendung brauchte ich jetzt noch „normale Menschen“. Ich habe meinen „journalistischen Begleiter“ dazu gebracht, dass wir in der Würzburger Straße versuchten, eine Privatperson anzusprechen. Wie sie denn den Aufbau ihres Hauses nach dem Krieg geschafft hätte, das wollte ich fragen. Wohl war meinem Begleiter nicht dabei, aber ich versprach ihm, ich würde ihm durch das Gesendete keine Probleme bereiten. Ich ahnte nicht, dass wir beobachtet wurden, als wir in der Würzburger Straße ankommen. In einem Vorgarten arbeitete gerade eine ältere Frau. Sie kannte Würzburg, fragte verschmitzt, ob ich einen Bocksbeutel dabeihätte. Ich packte mein Mikrofon aus, sie beantwortete meine Fragen nach dem Aufbau ihres Hauses in den Notzeiten nach dem Krieg. Das Interview war eigentlich schon zu Ende, da brach es plötzlich aus ihr heraus: Wie gerne würde sie mal ins schöne Würzburg fahren, aber man sei ja hier eingesperrt. Mein Begleiter war blass geworden, ich versprach ihm diesen Teil der Aufnahmen nicht zu verwenden. Ich hatte es sowieso nicht vorgehabt, und ich verwendete diesen Teil des Interviews auch nicht. Ich wollte der Frau keine Schwierigkeiten bereiten, auch wenn es eine ehrliche Aussage war.

Am Abend im Hotel. Ich war schon auf dem Zimmer, als das Telefon klingelte. Ob ich mal ins Foyer herunterkommen könne, ich hätte Besuch, hieß es. Es war die alte Frau aus der Würzburger Straße. Sie bestürmte mich, doch nichts von ihren Sätzen zu verwenden, die sie mir

BILD 23 Die Würzburger Straße in Dresden.

am Ende des Interviews gesagt habe. Mit dem eingesperrt sein und so. Ich habe es ihr versichert. Ab da war mir klar: Hier steckte die Staatssicherheit dahinter. In welchem Hotel ich wohnte, hatte ich der Frau aus der Würzburger Straße nicht gesagt, und auch mein „journalistischer Begleiter" wurde erneut bleich, als ich ihm am nächsten Tag davon erzählte. Somit stand fest: Mein Bewacher und ich wurden auch bewacht. Stasi bewacht Stasi. Sicher ist sicher.

Am Ende des Besuchs schrieb er einen Bericht, der sich in der zweiten Stasiakte mit dem Namen „Journalist" befindet. Den Vorfall aus der Würzburger Straße erwähnte er nicht, die Frau wurde in der Aufzählung meiner Interviewten nur kurz erwähnt.

> ***Arbeitsbericht***
>
> ***Betreuung des Herrn Eberhard Schellenberger, Bayerischer Rundfunk in der Zeit vom 19. bis 23. Juni 1985 im Raum Dresden***
>
> *Schellenberger versuchte bei seiner Arbeit vor allem auch Parallelen beim Wiederaufbau der zerstörten Städte zu finden.*
>
> *Aus den Gesprächen und Interviews in Dresden gingen jedoch nur folgende Parallelen hervor:*
> - *beide Städte wurden 1945 ohne eine militärische Notwendigkeit sinnlos zerstört (Würzburg am 16.3.45 mit 5000 Opfern).*
> - *beide Städte standen vor der Aufgabe, in der Folgezeit mit dem Wiederaufbau zu beginnen.*

– beide Städte sind heute damit konfrontiert, alles zu tun, um das Wiedergeschaffene zu erhalten.

Über diese Grundanliegen hinaus gibt es keine „Parallelen", da durch die unterschiedlichen gesellschaftlichen Strukturen in den beiden deutschen Staaten auch das Herangehen an den Wiederaufbau von differenzierten Gesichtspunkten aus erfolgte.
Dies kam bei allen Gesprächen und Interviews zum Ausdruck. Die Selbstdarstellung Dresdens und seiner Entwicklung nach 1945 wurde von den Partnern in jedem Falle hervorgehoben.
Die politische Grundhaltung von Eberhard Schellenberger ist liberal. Parteilich ist er vermutlich nicht organisiert. In einem Gespräch über den britischen Autor des Buches „Die Zerstörung von Dresden", David Irving, brachte er zum Ausdruck, daß Irving in seinen Augen ein Scharlatan und Pseudowissenschaftler sei. Irving sei vor kurzem in Würzburg gewesen und habe aus den Händen eines gewissen Dr. Frey die „Rudelmedaille" empfangen. Dr. Frey ist Vorsitzender der rechtsradikalen Volksunion und war Herausgeber der inzwischen verbotenen „Nationalzeitung" (Verbreitung der Auschwitzlüge).
Schellenbergers Auftreten ist korrekt, höflich und diszipliniert. Bei Gesprächen über die DDR verwendet er die exakte Terminologie. Er verfügt über umfangreiche Kenntnisse in Bezug auf die DDR, die er sich bei regelmäßigen Besuchen als Tourist erworben hat.

Entsprechend des vorgeschlagenen Programms wurden folgende Vorhaben realisiert:
– Interview mit Genosse Karl-Heinz Seltmann, Stadtrat für Kultur.
– Interview mit Genosse Erich Höhner, Fotoreporter.
– Interview mit Genosse Dr. Emrich, Mitarbeiter des Büros des Stadtarchitekten am Stadtmodell von Dresden.
– Interview mit Professor Dr. Hans Nadler, Institut für Denkmalpflege.
– Kurzinterviews mit: einem Steinbildhauer in der Werkstatt am Stallhof, einem Bauarbeiter in der Dreikönigskirche, Rentnerin M. in der Würzburger Straße.
– Führung durch die Semperoper mit anschließendem Besuch der Abendvorstellung.
– Besuch des Museums für Stadtgeschichte mit den gegenwärtigen Sonderausstellungen „Semperoper" und „Erich Höhne – Arbeiter Fotograf".
– Touristisches Programm: Dresden und Umgebung unter besonderer Berücksichtigung charakteristischer Neubaugebiete und Stätten des Wiederaufbaus.

BILD 24 Das Ruinenfeld der Frauenkirche in Dresden 1985 – heute erstrahlt sie nach dem Wiederaufbau in neuem Glanz.

Und dann wurde ich von meinem „journalistischen Begleiter" auch noch charakterisiert:

Operative Abschöpfung des Redakteurs des Bayerischen Rundfunks, Schellenberger:

Er stellt eine Art „Nationalfranke" dar und fühlt sich sehr stark zu seiner „Residenzstadt" Würzburg hingezogen. Die politisch-ideologische Position Schellenbergers ist nicht exakt zu bestimmen. Eindeutig ist seine Verurteilung der „ewig Gestrigen", d.h. der Neonazis in Bayern und der BRD insgesamt. Er trifft dazu klare und engagierte Aussagen. In Frage Krieg und Frieden bezieht Schellenberger eine eindeutige Haltung in der Richtung, daß alles getan werden muß, um den Weltfrieden zu erhalten. Über die DDR vermeidet er offensichtlich jegliche Kritik an unseren gesellschaftlichen Verhältnissen und ökonomischen Problemen, obwohl ihm die Fragen, die uns Sorgen machen, bekannt sind.

Schellenberger stellte keine Fragen in Richtung von Objekten, die spionagegefährdend sind. Bei den gemeinsamen Vorhaben wurden solche Territorien nicht angelaufen. Er stellte auch keine Fragen zu meiner Person, ausgenommen die Erkundigung nach meiner beruflichen Tätigkeit. Legende: Invalidenrentner, nebenbei gelegentliche Einsätze für das Internationale Pressezentrum als Dolmetscher/Betreuer. Frühere Tätigkeit im Management des Elektromaschinenbaus in der DDR.

Gesamteinschätzung Schellenbergers: Sch. ist offensichtlich Pragmatiker. Abends hat er sich mit hoher Wahrscheinlichkeit im Hotel aufgehalten, ist nicht ausgegangen.

Geschlecht: weiblich

Wenige Tage nach meiner Rückkehr aus Dresden Anfang 1985 legte die „Hauptabteilung II – Spionageabwehr des Ministeriums für Staatssicherheit" einen „Erfassungsbogen" an:

Grunddaten zur Person:

Schellenberger, Eberhard
Nationalität: Deutsch *Staatsbürgerschaft: BRD*
Größe: 182 cm *Augenfarbe: Blau-grau*
Hautfarbe: Weiß *Geschlecht: weiblich*

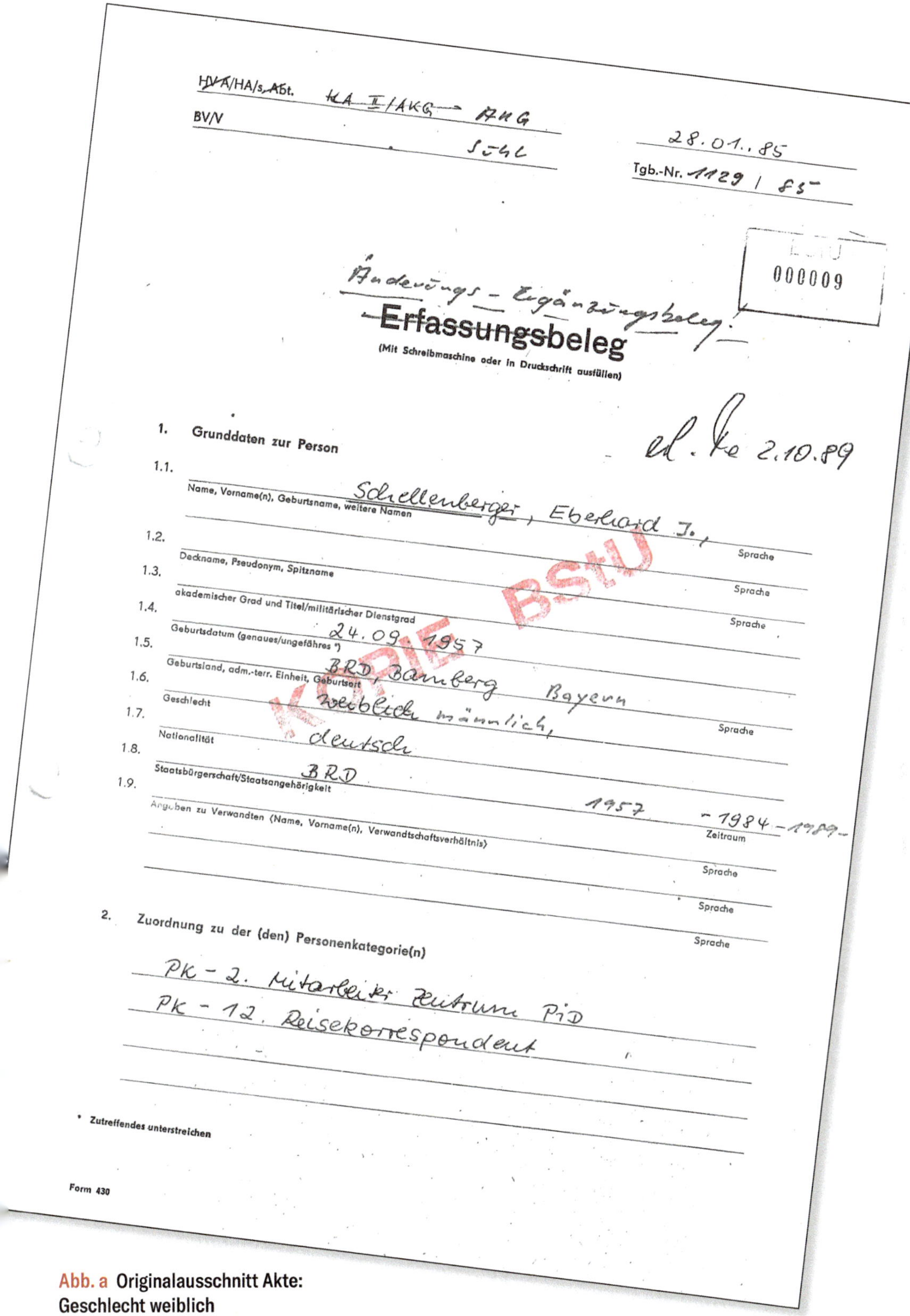

HVA/HA/s. Abt. HA II/AKG → AKG

BV/V Suhl

28.01.85

Tgb.-Nr. 1129 / 85

BStU 000009

Änderungs – Ergänzungsbeleg
~~Erfassungsbeleg~~
(Mit Schreibmaschine oder in Druckschrift ausfüllen)

1. Grunddaten zur Person

el. Ke 2.10.89

1.1. Name, Vorname(n), Geburtsname, weitere Namen: Schellenberger, Eberhard J.,

1.2. Deckname, Pseudonym, Spitzname — Sprache

1.3. akademischer Grad und Titel/militärischer Dienstgrad — Sprache

1.4. Geburtsdatum (genaues/ungefähres *): 24.09.1957 — Sprache

1.5. Geburtsland, adm.-terr. Einheit, Geburtsort: BRD, Bamberg Bayern

1.6. Geschlecht: weiblich männlich,

1.7. Nationalität: deutsch — Sprache

1.8. Staatsbürgerschaft/Staatsangehörigkeit: BRD

1.9. Angaben zu Verwandten (Name, Vorname(n), Verwandtschaftsverhältnis): 1957 – 1984 – 1989 — Zeitraum

Sprache

Sprache

2. Zuordnung zu der (den) Personenkategorie(n) — Sprache

PK – 2. Mitarbeiter Zentrum PiD

PK – 12. Reisekorrespondent

* Zutreffendes unterstreichen

Form 430

KOPIE BStU

Abb. a Originalausschnitt Akte: Geschlecht weiblich

Tatsächlich, die sonst so preußisch korrekten Geheimdienstler pfuschten also bei der einfachsten Definition meiner Akte: männlich oder weiblich? Es wird im Erfassungsbogen erst vier Jahre später geändert. Unmittelbar vor dem Mauerfall notiert ein Stasimitarbeiter:

Geschlecht: männlich

BRD-Journalisten sind „Helfershelfer des Klassenfeindes", auch das wird im Erfassungsbogen für die Akte mit dem „Decknamen Antenne" schon deutlich:

Beziehungen zu Geheimdiensten und Zentren der politisch-ideologischen Diversion.

Bezeichnung des Objektes:
Bayerischer Rundfunk.
Lage des Objektes:
Studio Würzburg.
Charakter der Verbindung:
journalistisch, feindlich, negativ.

Auftrag zur gründlichen Grenzkontrolle

Bereits im Mai 1986 folgte der nächste private Besuch bei unseren Freunden in der Lausitz. Die Sendung aus Dresden war inzwischen im BR gelaufen, kam wohl auch in Ostberlin gut an. Trotzdem misstraute man mir, und es gab die Extraorder an den Grenzübergang, bei unserer Einreise besonders gut zu schauen.

Am 17. Mai 1986 brachen wir bereits nachts um 1 Uhr in Würzburg auf, um den Tag wieder gut auszunutzen. Eine knappe Stunde nach unserer Einreise ging ein Fernschreiben vom Grenzübergang zur Kreisdienststelle der Stasi nach Hoyerswerda:

Grenzübergangsstelle Hirschberg 17.05.86, 03.55 Uhr
an bv Gera, bv Cottbus kd hoyerswerda

Journalistenreise in der DDR

Um 03.05 Uhr erschienen die genannten Personen an der Grenzübergangsstelle Hirschberg, um in die DDR einzureisen. Als Reiseziel wurde S. in L., als Aufenthaltsdauer wurde auf der Zählkarte 17.05. bis 19.05.86 angegeben. Während der pass- und zollmäßigen Abfertigung wurden keine Beanstandungen getroffen. Die Perso-

nen verhielten sich ruhig und zuvorkommend. Während der Zollkontrolle wurde keinerlei Technik, die darauf hinweist, dass S. beruflich tätig werden will, festgestellt.
Die Reisenden führten größere Mengen an Lebens- und Genußmittel sowie insgesamt 1465 DM mit.
Die Weiterreise erfolgte um 03.35 Uhr in Richtung DDR.

Nicht immer war die Staatssicherheit gut informiert. Bei unserer privaten Einreise im Juni 1987 müssen die fragenden DDR-Beamten am Grenzübergang etwas falsch verstanden haben. Im Pass meiner Frau fanden sie ein Visum nach Polen. Sie bekam es, weil wir einen Hilfstransport nach Polen von Würzburg begleiten wollten. Mein Antrag wurde damals von den polnischen Behörden mit der Begründung abgelehnt, es sei nicht nötig, dass ein Journalist den Transport begleite. Auch meine Frau nahm dann an der Fahrt nicht teil. Im Bericht über unsere Einreise in die DDR hieß es dann aber falsch:

21.06.1987

Die BRD-Bürger waren am 18.06.1987 über die Grenzübergangsstelle (Güst) Hirschberg in die DDR eingereist. Ihren Aufenthalt nutzten sie für einen Besuch von Bekannten. Das Reiseziel lernte der Sch. während eines Aufenthalts in der Volksrepublik Polen kennen und trat mit diesen in brieflichen Kontakt. Einige Zeit später sei ein persönlicher Besuch in L. erfolgt. Seit dieser Zeit erfolge jährlich ein Besuch. Dazu führte der Sch. an, daß man alle Möglichkeiten nutzen sollte, um die „deutsch-deutschen Kontakte" nicht abreißen zu lassen und möglichst wieder zu festigen. Die DDR-Behörden seien ja nun auch zu dieser Einsicht gelangt, da sie ihren Bürgern endlich Gegenbesuche erlauben. Er hoffe, daß er seine Bekannten aus L. in absehbarer Zeit einmal in Würzburg empfangen könne.

Wut über Grenzkontrollen

Es gab auch unangenehme Situationen. Um den stark befahrenen Grenzübergang bei Hof zu umgehen, nutzten wir bei der Rückreise den nach Unterfranken führenden Grenzübergang Eußenhausen-Meiningen. Wir hatten damals unsere älteste Tochter dabei, die erst wenige Monate alt in ein Schaffell eingewickelt war. Obwohl sie während der Grenzabfertigung heftig schrie, musste meine Frau mit ihr aussteigen, es war kalt, das Baby verschwitzt, und sie konnte in einem Häuschen warten. Dort aber musste sie das Baby aus dem Fell auspacken, es könnte ja was drin versteckt sein. Das Kind schrie aus vollem Leibe. Meine Frau war sauer und wütend und erzählt noch heute, dass es beim eventuellen Abhören des Raumes keine Nettigkeiten von ihr zu hören gab. Auch mich brachte der DDR-Grenzer auf die Palme. Er forderte einen Nachweis, dass ich das Fell nicht in der DDR gekauft habe, andernfalls sei es zollpflichtig. Ich entgegnete ihm, ob er wirklich erwarte, dass ich von allen aus dem Westen eingeführten Gebrauchsgegenständen einen Kaufnachweis mit mir führe. Daraufhin war das Thema erledigt.

Bei einer anderen Ausreise führten wir eine in der DDR bei einem Ausflug gefundene Wurzel mit. Abschätzig hob sie ein Grenzbeamter an und fragte, ob wir in der BRD schon so arm sind, dass wir die Wurzeln der DDR mitnehmen. Und selbst in gebrauchten Socken wühlte er herum und zuckte erst zurück, als er bemerkte und erklärt bekam, dass diese schon benutzt waren.

Neben den Paketen wurden auch unsere Briefe, die hin- und hergingen, immer wieder geöffnet. Wir bemerkten es an dem Klebestreifen, der auf der Rückseite nach der Öffnung des Briefes angebracht war. Und wenn so ein Brief aus der DDR angekommen war – mit oder ohne Klebestreifen – dann schrieben wir im nächsten Brief ein kleines Kürzel als Code nach drüben oder unsere Freunde an uns: „OT" für „Ohne Tesa" und MT für „Mit Tesa".

Der verbotene Westbesuch

Der Bruder unseres Freundes wohnt schon lange im Westen. Zur Silberhochzeit hatte er seinen „Ost-Bruder" eingeladen. Schon einmal gab es zur Erstkommunion eines Neffen die Genehmigung. Fahren darf immer nur ein Ehepartner – nach ausführlicher Prüfung der Verhältnisse. Informationen über eine „gute Ehe" sind zum Beispiel hilfreich, die DDR-Behörden hielten es hier für unwahrscheinlich, dass der Ehepartner im Westen blieb.

Sind die Umstände an sich schon nervig, so war die Inszenierung der DDR-Behörden diesmal besonders gemein. Unser Freund musste mit seinem Koffer am Morgen der geplanten Reise zur Volkspolizei und sollte erst dann die Nachricht bekommen, ob es in den Westen gehen kann oder wieder nach Hause. Ihm wurde ohne Angabe von Gründen mitgeteilt, dass die Reise zum Bruder ins Rheinland abgelehnt sei.

Die Begründung konnte ich Jahre später wütend und beschämt in meiner Akte lesen:

Reiseablehnung Silberhochzeit Bruder

Gründe: Lehnt ab aus Sicherheitsgründen, Bekannter ist Journalist/ Bayer. Rundfunk, es könnte zu Beeinflussungen und Handlungen gegen die DDR kommen.

Erste Reise nach Suhl

Würzburg – Suhl war die letzte der 34 deutsch-deutschen Partnerschaften, die geschlossen wurde, als noch keiner ahnte, dass das Ende der DDR und eine unblutige Revolution des Volkes unmittelbar bevorstanden. Es war eine der letzten Städtepartnerschaften, die noch zumindest auf Funktionärsebene bis in den Herbst 1989 hinein funktionierte, die hineingerät in die beginnende Fluchtwelle aus der DDR. Suhl ist von Würzburg 130 Kilometer entfernt und doch war sie den meisten Würzburgern unbekannt, diese kleinste Bezirksstadt der DDR in Südthüringen, gleich hinter Meiningen gelegen.

Jahreswechsel 1987/88, viele bundesdeutsche Städte haben bereits einen Partner in der DDR. Würzburg wünscht sich Dresden: abgelehnt. Würzburg kann sich Eisenach vorstellen: abgelehnt. Die DDR wollte nicht, dass sich Weststädte ihre DDR-Partnerstadt aussuchen. Und so bekommt Würzburg Suhl in Südthüringen angeboten. Ende Januar 1981 fährt der damalige Würzburger Oberbürgermeister Klaus Zeitler inoffiziell nach Suhl. Er will sich die Stadt mal anschauen. Zeitler hat großes Interesse an einer Partnerschaft mit einer Stadt im anderen Deutschland. Sein Vater war vor dem Krieg Oberbürgermeister von Erfurt. Noch bevor eine erste Delegation offiziell nach Suhl aufbricht, erteilt das Außenministerium der DDR dem Studio Würzburg des Bayerischen Rundfunks die Genehmigung, ein Porträt von Suhl zu erstellen. Unser Argument zieht in Ostberlin. Wie kann Partnerschaft mit einer Stadt geschlossen werden, die die wenigsten kennen, obwohl nur 130 km vom Main entfernt?

Am 14. März fahre ich mit meinem Genehmigungsschreiben aus dem Außenministerium in Ostberlin los. Kurz vor 8.30 Uhr erreiche ich den innerdeutschen Grenzübergang Eußenhausen-Meiningen im Landkreis Rhön-Grabfeld. Auf der bundesdeutschen Seite schaut sich der bayerische Grenzpolizist kurz meinen Pass an, fragt, was ich in der DDR vorhabe. „Ein Portrait von Suhl, das soll die künftige Partnerschaft von Würzburg werden." „Na dann, viel Spaß und gute Reise", sagt er. Ich kann fahren. Das war jetzt keine Minute. Ist auch nach bundesdeutscher Lesart kein Wunder, ich fahre von Deutschland West nach Deutschland Ost.

BILD 25 **Die umfangreiche Anlage des Grenzübergangs Eußenhausen-Meiningen zwischen Unterfranken und Südthüringen.**

Das Ministerium für Staatssicherheit hatte inzwischen schon einen konkreten Auftrag an seine Suhler Außenstelle geschickt:

> *Da Schellenberger in Ihrer Diensteinheit erfasst ist, bitten wir um Information zum Persönlichkeitsbild, sowie zu operativ zu beachtenden Faktoren für die Einleitung operativer Kontrollmaßnahmen während seines Aufenthalts.*

Langsam geht es den Berg hinauf in Richtung „Schanz", dann die erste Kontrolle, es werden weitere folgen, Kofferraumkontrolle, aussteigen, Taschen öffnen. Es geht schnell in 30 Minuten, und kaum, dass ich den Grenzübergang in Richtung Meiningen verlasse, tickert die Grenzübergangsstelle (Güst) auch schon die Details meiner Grenzabfertigung und Einreise an die Bezirksverwaltung Suhl sowie an die Staatssicherheit.

Das Telex findet sich in der Akte „Antenne":

cts 241 1/13

GVS / VVS	GFS-Nr.: 241	
Datum	Zeit	Sig.
14.03.88	10.41	2
Empf. weitergel. um:		10.50

E/E/124/88

tm 3
bv suhl, abt. roem. 6 / olz
abt. roem. 2
kd suhl

1. pke meiningen
2. - h 1 - staedtepartnerschaft suhl / wuerzburg
   - teil roem. 3 - pkt. 3.2. juournalist
   - einreise am 14.03.88 , 09.02 uhr im wv bis 15.03.88

3. schellenberger , eberhard 24.09.57 bamberg
   (schellenberger , eberhard 240957)
   8700 wuerzburg , koppbergweg 16
   h 6609 352 brd
   journalist , bayerischer rundfunk
4. pkw: [geschwärzt] vw , rot / halter: 3.
   1. zul.: 17.04.84

- 1 / 0 -

5.
bei denr anreise an die guest meiningen legte der schellenberger ein telex vor aus dem hervorging, dasz die erforderlichen unterlagen zur einreise in die ddr an der guest meiningen hinterlegt sind. waehrend der abklaerung des sachverhaltes wurde bekannt, dasz die zielstellung des aufenthaltes in der ddr darin besteht, eine reportage ueber die stadt suhl zu erstellen. diese reportage erfolgt in vorbereitung der staedtepartnerschaft wuerzburg - suhl . die reportage umfaszt eine dauer von ca. 30 minuten unsd soll am donnerstag, den 24.03.88 , im regionalprogramm des bayerischen rundfunks gesendet werden. in diesem zusammenhang wurde erarbeitet , dasz der 3. mitarbeiter des bayerischen rundfunks , studio mainfranken wuerzburg ist.
nach den angaben des 3. weilte er bereits zweimal in suhl, um vorbereitungsmasznahmen fuer die reportage zu treffen.
reisender musz sich am heutigen tag beim rat der stadt suhl melden. dort sei ein treffen mit dem buergermeister der stadt suhl vorgesehen. die reportage des schellenberger soll auch beitraege ueber das waffenmuseum , sowie ueber gastronomische einrichtungen ''waffenschmied'' und ''japanisches restaurant'' enthalten.
die uebernachtung ist im hotel ''thueringen tourist'' vorgesehen.
nach angaben des 3. reist am 21.03.88 unter leitung des buergermeisters von suhl eine delegation nach wuerzburg.

Abb. b.1 Originalausschnitt Akte: Telex Einreise

die kontrolle bei gza ergab, dasz der 3. ein studiotonband mit 9 kassetten , a 90 minuten, mitfuehrte. an zahlungsmitteln wurden 445,- dm festgestellt. 6 flaschen wein sind als gastgeschenk fuer den buergermeister von suhl bestimmt.

-2-

der schellenberger aeuszerte, dasz er 1987 bereits eine reportage ueber die stadt dresden erstellt hat. der reisepasz , ausgestellt am 15.12.87 in wuerzburg, enthiet den sichtvermerk 10.01.88 einreise mit touristen- kom ueber die guest meiningen. durch die pke meiningen wurde dem reisenden ein visum zur ein- und ausreise , einmalig, gueltig bis 15.03.88 erteilt.

8. - telefonische verstaendigung olz suhl und absprache verteiler

10. rat der stadt suhl

11. eigene de und gza

+++
pke meiningen
gez.: [geschwärzt] hp tm.
- dh. zugf. -
+ + +

Abb. b.2 Originalausschnitt Akte: Telex Einreise

Telex von Grenzübergangsstelle Meiningen (Güst)

An
bv Suhl, abt. roem.6/olz
abt. roem, 2
Kd suhl

einreise am 14.03.88, 09.02 Uhr
Schellenberger, Eberhard
Journalist, Bayerischer Rundfunk

Bei der Anreise an die Güst Meiningen legte der Schellenberger ein Telex vor, aus dem hervorging, daß die erforderlichen Unterlagen zur Einreise in die DDR an der Güst Meiningen hinterlegt sind. Während der Abklärung des Sachverhaltes wurde bekannt, daß die Zielstellung des Aufenthaltes in der DDR darin besteht, eine Reportage über die Stadt Suhl zu erstellen. Diese Reportage erfolgt in Vorbereitung der Städtepartnerschaft Würzburg – Suhl. Die Reportage umfaßt eine Dauer von ca. 30 Minuten und soll am Donnerstag, den 24.03.88, im Regionalprogramm des Bayerischen Rundfunks gesendet werden. In diesem Zusammenhang wurde erarbeitet, daß der Mitarbeiter des Bayerischen Rundfunks, Studio Mainfranken Würzburg ist. Nach den Angaben des Sch. weilte er bereits zweimal in Suhl, um Vorbereitungsmaßnahmen für die Reportage zu treffen. Reisender muß sich am heutigen Tag beim Rat der Stadt Suhl melden. Dort sei ein Treffen mit dem Bürgermeister der Stadt Suhl vorgesehen. Die Reportage des Schellenbergers soll auch Beiträge über das Waffenmuseum, sowie über gastronomische Einrichtungen „Waffenschmied" und „japanisches Restaurant" enthalten. Die Übernachtung ist im Hotel „Thüringen Tourist" vorgesehen, nach seinen Angaben reist am 21.03.88 unter Leitung des Bürgermeisters von Suhl eine Delegation nach Würzburg.

Die Kontrolle ergab, daß Sch. ein Studiotonband mit 9 Kassetten à 90 Minuten mitführte, an Zahlungsmitteln wurden 445,- DM festgestellt. 6 Flaschen Wein sind als Gastgeschenk für den Bürgermeister von Suhl bestimmt.

Innerhalb der Staatssicherheit in Suhl ist alles gut vorbereitet, alle Inoffiziellen Mitarbeiter (IM) innerhalb und außerhalb des Hotels sind informiert, und ich werde einen „journalistischen Begleiter" haben, der mich jetzt kaum mehr aus den Augen lässt, viel notiert und der Staatssicherheit berichten wird.

Abteilung VI, Suhl, den 14.03.1988

Tagesbericht vom 14.03.88

inoffiziell:
Aufenthalt eines BRD-Journalisten im Verantwortungsbereich

Für den Zeitraum vom 14.–15.03.88 wurde durch den Bayerischen Rundfunk ein 1-Bett-Zimmer im Hotel „Thüringen Tourist" für den Schellenberger, Eberhard, wohnhaft Würzburg, Redakteur, Bayerischer Rundfunk, gebucht. Die Anreise des Sch. erfolgte.

Maßnahmen:
– Information an Abt. II, IM-Einsatz im Hotel-Objekt

Wenn die Antworten nicht passen

Ein ausgesuchtes Programm und ausgesuchte Gesprächspartner hatten mich damals erwartet. Im Elektrogeräte-Werk Suhl saßen mir junge Suhler gegenüber. Ich fragte nach dem Stellenwert der Heimat. Kurzes Zögern der Jugendlichen. Die Antwort kam dann schnell vom FDJ-Funktionär: „Ich würde schon sagen, dass gerade bei unseren Jugendlichen das Wort Heimat dahingehend Bedeutung hat, dass man sich hier in den Bergen erst mal wohlfühlt. Also wer hier geboren ist und groß geworden ist, der ist eine gewisse Zeit im Flachland tätig und sehnt sich doch irgendwie wieder zurück nach Suhl."

„Was ist denn der Suhler für ein Mensch?", fragte ich weiter. Jetzt wagte einer der jungen Leute eine Antwort: „Ein bisschen launisch, möchte ich sagen. Und vielleicht kommt das davon, dass wir größtenteils meistens schlechtes Wetter haben, Regen kriegen, wo in anderen Bezirken die Sonne scheint. Und ich glaube, das trägt auch ein bisschen dazu bei, dass dort die Laune vielleicht ein bisschen besser ist."

O je, diese Antwort gefiel dem FDJ-Sekretär überhaupt nicht. Das sah man schon an seinem Mienenspiel. Er grätschte dazwischen: „Die Suhler sind sehr gastfreundlich auf der einen Seite und auch sehr gemütlich, wenn es ums Feiern geht. Und das spielt bei den Jugendlichen auch immer eine große Rolle. Und dann wird ein Musikinstrument mitgebracht, bekannte Lieder werden gespielt, die alle mitsingen können, was zum Beispiel bei einer Kirmes üblich ist." Ob das auch die Meinung der jungen Leute war? Ab sofort waren sie bei spontanen Fragen schweigsam oder äußerten sich mit steifem Politsprech über den „Friedenskampf der FDJ-Jugend gegen den NATO-Doppelbeschluss". Nach dem Fall der Mauer wurde bekannt, dass die jungen Leute tagelang für die Begegnung mit dem Westjournalisten trainiert worden sind.

Um den Besuch des Würzburger Medienvertreters nicht aufzuwerten, hatte der Oberbürgermeister von Suhl an allen drei Tagen keine Zeit. Weil zum bevorstehenden Besuch der Suhler Delegation in Würzburg auch nicht Oberbürgermeister Kunze, sondern sein Stellvertreter Hausdörfer an den Main fahren soll, durfte der schon mal Westkontakt üben. Seitenlang verlas er vorgefertigte Erklärungen ins Mikrofon. In der Sendung blieb dann gerade das Kulturangebot übrig.

Nach Ende meines Besuchs schrieb mein ständiger Schatten seinen Gesamtbericht. Die brenzlige Situation mit den FDJ-Mitgliedern ließ er heraus, aber das Auftreten des Bürgermeisters schätzte er durchaus kritisch ein:

Bezirksverwaltung für Staatssicherheit Suhl Abteilung II
Suhl, 16. März 1988

Information über das journalistische Vorhaben des Bayerischen Rundfunks in der Zeit vom 14.03.1988 bis 15.03.1988 in Suhl

Ablauf des Vorhabens

14.03.1988

10 Uhr bis 13 Uhr
Vorgespräch mit dem BRD-Korrespondenten zum Vorhaben.

11.00 Uhr bis 13.00 Uhr
Besuch des Waffenmuseums
Der BRD-Korrespondent fertigte Tonaufnahmen über ein Gespräch mit dem Leiter des Waffenmuseums Suhl, Genosse K.
Genosse K. beantwortete die Fragen sachlich und korrekt im Sinne der Politik der Partei und Staatsführung.

15.00 Uhr bis 17.00 Uhr
Interview mit dem Stellvertretenden Oberbürgermeister der Stadt Suhl, Genosse H., im Rat der Stadt Suhl
Genosse H. antwortete anhand von vorbereiteten Aufzeichnungen sachlich und korrekt. Die Mehrzahl der Antworten las er ab. Eine gewisse Unsicherheit war spürbar, wirkte sich jedoch auf die Tonaufzeichnungen nicht aus.
Etwas überzogen wirkte, daß er durch den BRD-Korrespondenten extra tonmäßig herzliche Grüße an die Bürger von Würzburg aufzeichnen ließ.

Der BRD-Korrespondent hatte bereits das Interview beendet und von seiner Seite aus kein Interesse an der Aufzeichnung des Grußes. Es war spürbar, daß er aus Gründen der Höflichkeit dem Wunsch des Genossen Hausdörfer nachkam.
Inoffiziell wurde eingeschätzt, daß H. auf die Begegnung mit westlichen Medienmitarbeitern besser eingestellt werden muß. Das sollte man besonders bei der bevorstehenden Reise nach Würzburg beachten.

15.3.1988

9.00 bis 11.00 Uhr
Gesprächsaufzeichnungen mit FDJ-Mitgliedern im Rathaus Suhl. Die FDJ-Mitglieder antworteten politisch fundiert mit einem klaren Standpunkt. Sie vertraten mit guter Argumentation die Jugendpolitik und die Dialogpolitik unseres Staates.

11.30 bis 12.15 Uhr
Gesprächsaufzeichnung mit dem Leiter des Gaststättenkomplexes „Kaluga“.
Er zeichnete einige Sprüche über „Thüringer Klöße“ in Suhler Mundart auf. Genosse L. trat korrekt und sachlich auf und warb durch seine Informationen für den „Gaststättenkomplex“ Kaluga.

14.00 bis 15.30 Uhr
Gesprächsaufzeichnung im Schießsportgelände am Friedberg. S. zeichnete ein Gespräch mit drei Schülern und ihres Übungsleiters einer Trainingsgruppe des Sportschießens des VEB Fajas Suhl an einem Wurftaubenstand auf. Die Befragten traten sachlich und korrekt in Erscheinung.

16.00 Uhr bis 17.15 Uhr
Interview mit dem Chefdirigenten der Suhler Philharmonie. Herr H. trat sachlich und korrekt in Erscheinung.

Nach dem Interview trat der BRD-Korrespondent die Rückreise in die BRD an.

Auch der Leiter des Waffenmuseums musste einen Bericht über das Zusammentreffen mit dem Westjournalisten schreiben, es findet sich in der Akte der Staatssicherheit wieder:

Herr Schellenberger, ein relativer junger Reporter, ca. 30 Jahre, hinterließ entgegen den bisherigen Erfahrungen mit Rundfunk- und

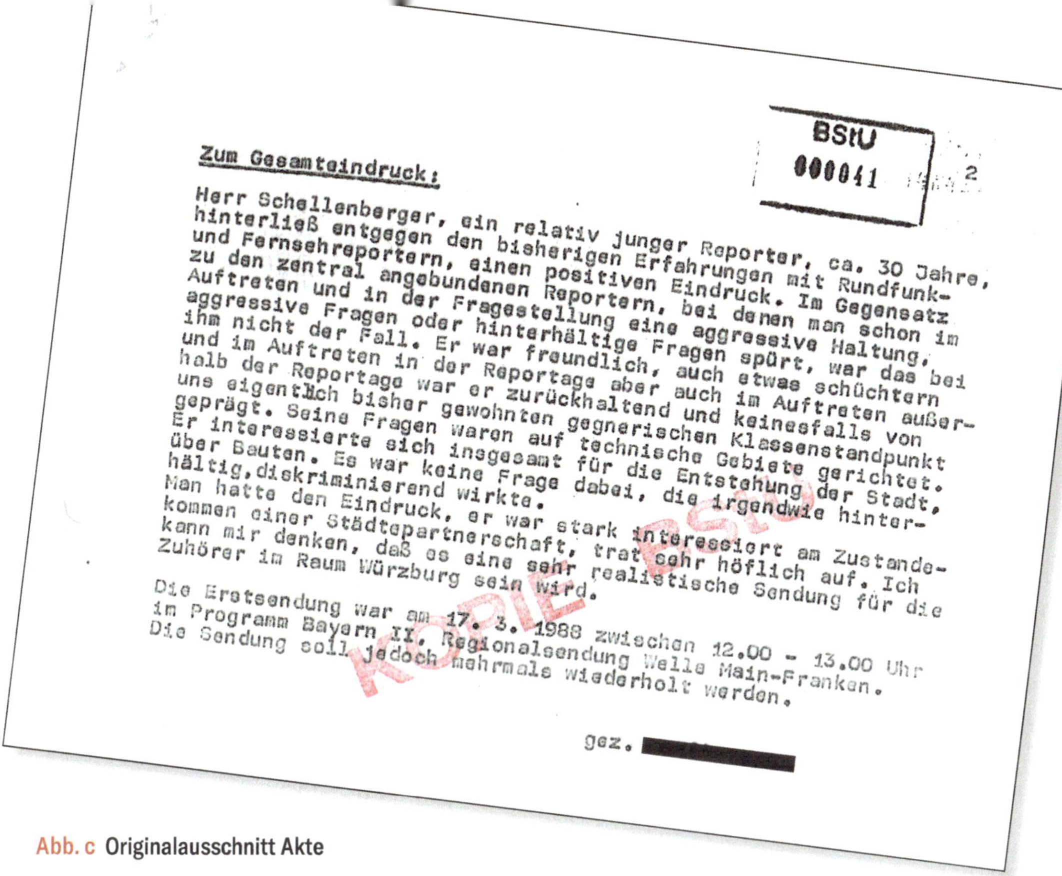

BStU
000041
2

Zum Gesamteindruck:

Herr Schellenberger, ein relativ junger Reporter, ca. 30 Jahre, hinterließ entgegen den bisherigen Erfahrungen mit Rundfunk- und Fernsehreportern, einen positiven Eindruck. Im Gegensatz zu den zentral angebundenen Reportern, bei denen man schon im Auftreten und in der Fragestellung eine aggressive Haltung, aggressive Fragen oder hinterhältige Fragen spürt, war das bei ihm nicht der Fall. Er war freundlich, auch etwas schüchtern und im Auftreten in der Reportage aber auch im Auftreten außerhalb der Reportage war er zurückhaltend und keinesfalls von uns eigentlich bisher gewohnten gegnerischen Klassenstandpunkt geprägt. Seine Fragen waren auf technische Gebiete gerichtet. Er interessierte sich insgesamt für die Entstehung der Stadt, über Bauten. Es war keine Frage dabei, die irgendwie hinterhältig, diskriminierend wirkte. Man hatte den Eindruck, er war stark interessiert am Zustandekommen einer Städtepartnerschaft, trat sehr höflich auf. Ich kann mir denken, daß es eine sehr realistische Sendung für die Zuhörer im Raum Würzburg sein wird.

Die Erstsendung war am 17. 3. 1988 zwischen 12.00 - 13.00 Uhr im Programm Bayern II, Regionalsendung Welle Main-Franken. Die Sendung soll jedoch mehrmals wiederholt werden.

gez.

Abb. c Originalausschnitt Akte

BILD 26 Das Waffenmuseum von Suhl ist eines der wenigen Fachwerkhäuser in Würzburgs Partnerstadt und führt in die 600-jährige Geschichte der Fertigung von Handfeuerwaffen in Suhl.

Fernsehreportern, einen positiven Eindruck. Im Gegensatz zu den zentral angebundenen Reportern, bei denen man schon im Auftreten und in der Fragestellung eine aggressive Haltung, aggressive Fragen oder hinterhältige Fragen spürt, war das bei ihm nicht der Fall. Er war freundlich, auch etwas schüchtern und im Auftreten in der Reportage, aber auch im Auftreten außerhalb der Reportage war er zurückhaltend und keinesfalls von uns eigentlich bisher gewohnten gegnerischen Klassenstandpunkt geprägt. Seine Fragen waren auf technische Gebiete gerichtet. Er interessierte sich insgesamt für die Entstehung der Stadt, über Bauten. Es war keine Frage dabei, die hinterhältig, diskriminierend wirkte.

Man hatte den Eindruck, er war stark interessiert am Zustandekommen einer Städtepartnerschaft, er trat sehr höflich auf. Ich kann mir denken, daß es eine sehr realistische Sendung für die Zuhörer im Raum Würzburg sein wird.

Auch IM „Rudi Rund“ notierte eine „Charakterisierung“ und schickte sie an die Abteilung II, die Spionageabwehr der Staatssicherheit in Suhl:

Bezirksverwaltung für Staatssicherheit Abteilung II
Suhl, 16. März 1988

Einschätzung des BRD-Korrespondenten Schellenberger Eberhard, Bayrischer Rundfunk

Im Rahmen des journalistischen Vorhabens „Städteportrait Suhl“ – das der BRD-Korrespondent in der Zeit vom 14.3.–15.3. 1988 in Suhl realisierte, wurde durch den IME „Rudi Rund“ folgendes erarbeitet:

- *Sch. brachte zum Ausdruck, daß er beabsichtigt, auf Dauer als Berichterstatter zur Problematik Städtepartnerschaft Suhl – Würzburg tätig zu sein. Er sieht darin für sich eine berufliche Chance.*
- *Er erkundigte sich beim IM über die Tätigkeit des Ministeriums für Staatssicherheit gegenüber BRD-Journalisten. Ihm sei bekannt, daß Kollegen durch das MfS direkt angesprochen wurden und versucht wurde, diese zur Informationsbeschaffung für das MfS zu gewinnen. Der IM erwiderte, daß ihm derartiges nicht bekannt wäre. Der BRD-Korrespondent soll diese Schauermärchen nicht glauben. Der IM kann nicht bewerten, ob diese Fragestellung den Sch. echt bewegte, bzw. ob es ein Test gegenüber dem IM war.*

Kein Abonnement von DDR-Zeitung

In Suhl hatte ich gegenüber meinem IM „Rudi Rund“ auch erwähnt, dass ich gerne das „Freie Wort“, die Zeitung aus Suhl abonnieren möchte, um über das Geschehen in der Partnerstadt informiert zu sein. Seit zwei Monaten wartete ich auf Antwort. Die bekam ich dann tatsächlich kurz nach meiner Rückkehr nach Würzburg. Da hat wohl jemand nach-

BILD 27 **Heute ist das „Freie Wort“ unabhängige Tageszeitung, zu DDR-Zeiten durfte das Blatt „nicht ins Ausland als Abonnement verschickt werden“, zum Beispiel nach Würzburg.**

geholfen. Die Antwort war negativ. So „frei“ war das „Freie Wort“ also nicht. Vor allem wenn es ins „Ausland“ verschickt werden sollte, schrieb der Verlagsdirektor:

Freies Wort
Organ der Bezirksleitung Suhl
der Sozialistischen Einheitspartei Deutschlands

24.03.88

Werter Herr Schellenberger!

Entschuldigen Sie bitte, wenn wir heute erst auf Ihr Schreiben vom 26.1.1988 antworten. Bezugnehmend auf Ihre Zeitungsbestellung teilen wir Ihnen mit, daß entsprechend den bei uns geltenden postalischen Bestimmungen der Versand lokaler Zeitungen für das Ausland nicht vorgesehen ist. Deshalb können wir Ihre Bestellung auch nicht entgegennehmen.

Mit freundlichen Grüßen E., Verlagsdirektor

Haßfurter Stadtrat sucht Städtepartner

Genehmigungen von kurzen Pressereisen gingen jetzt flott. Natürlich emsig von der Staatssicherheit kontrolliert. Beispiel: Eine Reise nach Schmalkalden in Südthüringen. Haßfurt wollte Schmalkalden als Partnerstadt, über den ersten Besuch hinaus blieb der Versuch dann stecken, die politischen Ereignisse holten den Wunsch ein. Zum Haßfurter Besuch hieß es in der Akte:

Rat des Bezirks Suhl, Sekretär

13.04.1988

Entsprechend der Zustimmung eines Antrages des Bürgermeisters von Haßfurt/Bayern durch das Ministerium für Auswärtige Angelegenheiten (MfAA) der DDR wird sich der Stadtrat von Haßfurt am Sonnabend, dem 14. Mai 1988, zu einer touristischen Exkursion über das Reisebüro der DDR in der Stadt Schmalkalden aufhalten. Sie werden mit einem Bus ca. 40–50 Personen gegen 10.00 Uhr in Schmalkalden eintreffen und gegen 18.00 Uhr wieder abreisen.

Als Hauptanliegen wird angegeben, die Stadt und ihre historische Entwicklung kennenzulernen, die bei der Stadtgründung von Haß-

furt vor 750 Jahren einen Streit zwischen den Erzbischöfen von Würzburg und Bamberg geschlichtet haben soll.

Als Betreuer wird ein Beauftragter der Bezirksdirektion des Reisebüros der DDR eingesetzt.

Und auch mein Kommen wurde angezeigt:

Bezirksverwaltung für Staatssicherheit Abteilung II/3

Suhl, 9. Mai 1988

Inoffiziell wurde bekannt, dass der Redakteur des Bayerischen Rundfunks, Schellenberger Eberhard, erfaßt für HA II/13 folgende journalistische Aktivitäten geplant bzw. beim MfAA beantragt hat:

14.5.1988

Begleitung der Einreise von Vertretern des Stadtrats von Haßfurt (ges. ca. 40–50 Personen) nach Schmalkalden. Die Einreise erfolgt als Touristenreise über das Reisebüro der DDR. Im Rahmen des Aufenthaltes wird ein mit den zuständigen staatlichen Organen abgestimmtes Besichtigungsprogramm in Schmalkalden realisiert.

Seitens des MfAA wurde die Genehmigung für folgende journalistische Aktivitäten erteilt:
- *Tonaufzeichnungen zum Besichtigungsprogramm*
- *Befragung der BRD-Reisegruppe zu ihren Meinungen und Eindrücken zum Aufenthalt.*
- *passives Aufzeichnen der bei der Besichtigung durch die ausgewählten staatlichen Vertreter der örtlichen Organe gegebenen Erläuterungen (ohne eigene Fragestellung).*

Nicht gestattet sind jegliche journalistische Aktivitäten wie Befragungen/Interviews mit DDR-Bürgern.

Vom Sekretär für Agit./Prop der SED-Bezirksleitung, Genosse G., wurde festgelegt, dass der Genosse Sch., beim Eintreffen der Reisegruppe den Sch. mit den journalistischen Arbeitsmöglichkeiten vertraut macht und ihn in geeigneter Weise auf die Grenzen seiner journalistischen Handlungen aufmerksam macht.

Von einer weiteren Teilnahme des Genossen wurde aus politischen Gründen (es liegt staatlicherseits keinerlei Interesse für städtepartnerschaftliche Beziehungen vor) Abstand genommen, um die Einreise nicht staatlich aufzuwerten.

Verantwortlich für die weitere Betreuung ist der vom Reisebüro der DDR eingesetzte Reiseleiter.
Die Ein- und Ausreise des Sch. erfolgt mit im Bus der Reisegruppe. Eine Übernachtung ist nicht vorgesehen.

Inoffizieller Mitarbeiter (IM) „Rudi Rund" tauchte nur kurz in Schmalkalden auf, schaute, ob ich auch im Bus war. Als Beobachter und Berichterstatter fungierte diesmal der Reiseleiter, der seinen Bericht nach Suhl an die Staatssicherheit sandte und während des Aufenthalts immer in meiner Nähe war, um ja nichts zu verpassen:

Tagesbericht des Reiseleiters

Der in der Reisegruppe befindliche Journalist Schellenberger, Eberhard, führte ein Tonbandgerät mit und fertigte Tonaufzeichnungen. Bei der Kaffeetafel bat Schellenberger den Genossen H. überraschend und ohne Vorankündigung um ein Interview gemeinsam mit dem Haßfurter Bürgermeister.

Obwohl ich mich hier nicht an Absprachen gehalten habe, hatte es im Nachhinein keine Konsequenzen.

100 DM abgeliefert

Die erste Reise der Suhler Delegation nach Würzburg war am 23. März 1988. Mit dabei auch Henner Hartung, Vertreter des Suhler Handwerks. Er hat nach der Wende dem Bayerischen Rundfunk erzählt, was sich nach Rückkehr in die DDR abspielte: „Wir haben einige Geschenke bekommen, unter anderem einen Bildband und ein Dankschreiben vom damaligen Oberbürgermeiste Zeitler. Und in diesem Dankschreiben war ein 100 D-Mark Schein. Und als wir zuhause ankamen, so gegen 22 Uhr, bin ich fast vor meiner Frau auf die Knie gefallen. ‚Frau, ich war in Würzburg und hier, guck mal her, ein Bildband und ein Schreiben des Oberbürgermeisters.' Und im gleichen Moment ging das Telefon und ich wurde angerufen, nach dem Schreiben gefragt und alles, was dabei war. Und wir wurden aufgefordert, am Samstag um 9 Uhr im Rathaus zu erscheinen. Und wir haben uns dabei noch nichts Besonderes gedacht. Wir haben alle Unterlagen mitgenommen, wir mussten sie dann abliefern, das Dankschreiben und auch diese 100 D-Mark. Und dann wurde ich informiert, dass diese 100 D-Mark das Solidaritätskonto Kambodscha bekommen hat".

„Maßnahmenplan" zur Überwachung Würzburger Journalisten

Am 9. Juni 1988 stand die sogenannte Ratifizierung des Vertrags zu einer Städtepartnerschaft zwischen Suhl und Würzburg an. Ich wollte vor der Stadtratsdelegation in der DDR sein, fuhr also um 5.00 Uhr los und war um 6.15 Uhr am Grenzübergang Eußenhausen-Meiningen. Dort das übliche Verfahren, die offiziellen Akkreditierungspapiere beschleunigten es keineswegs. Kofferraum ausräumen, Rückbank umklappen, fahrbare Spiegel wurden unter das Auto geschoben. Kaum war ich aus der Grenzabfertigung heraus, ging bereits das Telex der Grenzer an die Stasi nach Suhl:

> ***Einreise 9.6. 07.10 Uhr / voraussichtliche Ausreise am 10.06.88***
> ***Schellenberger, Eberhard***
> ***Journalist, bayrischer rundfunk, studio wuerzburg.***
>
> *Sch. reiste mit der Zielstellung in die DDR ein, um über die Paraphierung des Vertrages über die Städtepartnerschaft zwischen Suhl und Würzburg zu berichten.*
> *Bei der Einreise führte er mit: 1 Reiseschreibmaschine, 1 Tonbandgerät mit 8 Kassetten, 1 Mikrophon, 1 Netzteil, die er als Arbeitsmaterialien deklarierte. An Zahlungsmitteln führte er 310,- DM mit.*

BILD 28 **Die „Grenzübergangsstelle" Eußenhausen-Meiningen galt als ein Grenzübergang mit eher geringem Verkehrsaufkommen. Zumindest bis zur Wende.**

Die Suhler Staatssicherheit hatte sich gut vorbereitet auf den Besuch der Würzburger. Einen eigenen „Maßnahmenplan“ hatte man erstellt, schließlich galt es nicht nur, die offizielle Delegation mit Oberbürgermeister Klaus Zeitler an der Spitze im Blick zu haben, sondern auch die fünf Würzburger Journalisten, die mit eingereist waren. Abgeschirmt von der Bevölkerung sollte der Besuch ablaufen. Stasileute waren dem Programm entsprechend in der ganzen Stadt verteilt.

Bezirksverwaltung für Staatssicherheit, Abteilung II
Suhl, 8. Juni 1988

Maßnahmeplan zur politisch-operativen Sicherung und Kontrolle des Aufenthaltes von BRD-Korrespondenten anläßlich der Paraphierungsverhandlungen über eine Städtepartnerschaft zwischen Suhl und Würzburg am 9.6. und 10.6. in der Bezirksstadt Suhl. Unterkunftsobjekt für die BRD-Korrespondenten ist das Interhotel „Thüringen Tourist“ Suhl.

Für die BRD-Korrespondenten wurde folgendes Rahmenprogramm vorbereitet:

9.6.88

10.00 Uhr *Anreise der Journalisten Suhl, Interhotel „Thüringen Tourist“*

10.45 –12.00 Uhr *Teilnahme an Vorstellung der Stadt Suhl durch Oberbürgermeister am Stadtmodell im Abgeordnetenkabinett des Rates der Stadt Suhl für die Delegation der Stadt Würzburg.*

12.30 Uhr *Mittagessen im Interhotel „Thüringen Tourist“ (getrennt von Delegationen)*

14.00 –18.00 Uhr *Stadtführung mit rekonstruierter Mühltorstraße, Stadtzentrum, Wohnungsbau Suhl-Mitte, Kultur- und Sportzentrum, Galerien am Herrenteich und im Steinweg. Teilnehmer: Stadtarchitekt, Direktor Kultur- und Sportzentrum*

18.30 Uhr *Abendliche Veranstaltung im Ringberghaus (mit Delegation)*

10.6.88

8.00 Uhr *Frühstück im Interhotel „Thüringen Tourist“*

10.00 Uhr *Teilnahme an der Paraphierung der Vereinbarung über Städtepartnerschaft Suhl – Würzburg im Festsaal des Rates der Stadt.*

10.30 Uhr *Pressegespräch zur Paraphierung unter Teilnahme der Oberbürgermeister der Stadt Suhl und der BRD-Stadt Würzburg mit Erklärungen beider Städteoberhäupter*

12.00 Uhr *Mittagessen im „Goldenen Hirsch" mit Delegation*

14.00 Uhr *Stadtrundfahrt mit Delegation, Gespräch im Suhler Heimattierpark (nur für Bayrischen Rundfunk, Studio Mainfranken – durch Ministerium für Auswärtige Angelegenheiten genehmigt.)*

18.00 Uhr *Abreise der Journalisten*

Interviews bzw. Befragungen von Personen, die nicht den offiziellen Verhandlungsdelegationen angehören, wurden den Korrespondenten nicht genehmigt.

Im Beratungszentrum des DFD (Demokratischer Frauenbund Deutschlands) in Suhl wird am 9.6.1988 und 10.6.1988 ein Pressebüro eingerichtet. In diesem werden durch die Deutsche Post zwei internationale Telefonleitungen für die BRD-Korrespondenten geschaltet.

Im Rahmen der politisch-operativen Sicherung der BRD-Korrespondenten ist besonders zu beachten, daß die BRD-Delegation zu den Paraphierungsverhandlungen mit einseitigen Ergänzungen zu dem bereits abgestimmten Vertragstext erscheint und damit noch nicht eindeutig festliegt, ob es zu der vorgesehenen Paraphierung der Städtepartnerschaft kommt. Bei Nichtparaphierung ist mit entsprechenden Aktivitäten der BRD-Korrespondenten zu rechnen.

In Vorbereitung und Durchführung des Aufenthaltes werden folgende politisch-operativen Maßnahmen realisiert:

1. *Abstimmung und Koordinierung der erforderlichen politisch-operativen Kontrollmaßnahmen mit dem für die Sicherung des Aufenthaltes der Würzburger Delegation Verantwortlichen Genossen Oberstleutnant B.-H. durch den Genossen Oberstleutnant H.*
2. *Bildung einer Einsatzgruppe der Abteilung II für die Zeit vom 9.6. bis 10.6.88 in der Stärke von 1:3 unter Leitung des Genossen Major L.*
3. *Das Sekretariat der Abteilung II wird in der Zeit vom 9.6. bis 10.6.1988 durchgängig besetzt. Als Lageoffizier der Einsatzgruppe der Abteilung II wird der Genosse Feldwebel K. eingesetzt.*

4. *Einsatz des IME* (Inoffizieller Mitarbeiter im besonderen Einsatz) *„Rudi Rund" in Schlüsselposition*
Vom Ministerium für Auswärtige Angelegenheiten wurde der IME mit der Betreuung der anwesenden BRD-Korrespondenten beauftragt. Zur Gewährleistung eines aktuellen Informationsflusses sind tägliche Treffs mit dem IME durchzuführen.

5. *Einsatz eines IM der Abteilung XV in Schlüsselposition: Der IM wurde entsprechend einer Festlegung der SED-Bezirksleitung Suhl als Verantwortlicher für das Pressebüro eingesetzt.*

6. *Einsatz weiterer IM der Abteilung II*
Zur Kontrolle und Sicherung der BRD-Korrespondenten werden entsprechend der vorhandenen operativen Möglichkeiten eingesetzt:
– in der Galerie im Steinweg der IMS „Kern",
– während des Pressegesprächs die IMS „Kurt", IMS „Sauer"
– in der HOG „Goldener Hirsch" der IM „Blacky"
– im Freizeitbereich IMS „Kern"; „Anne"

7. *Durch den Genossen Oberstleutnant H., Abt. II, erfolgt auf der Grundlage eines konkreten Informationsbedarfes eine Abstimmung mit dem Leiter der Abt. VI Genossen Oberstleutnant K., zum Einsatz von IM der Abteilung VI im Unterkunftsobjekt der BRD-Korrespondenten Interhotel „Thüringen Tourist" Suhl*

8. *Abstimmung und Koordinierung der erforderlichen politisch-operativen Kontrollmaßnahmen zwischen dem Genossen Oberstleutnant W., Abt. XVII, durch den Genossen Oberstleutnant H., Abteilung II, zum Aufenthalt der BRD-Korrespondenten während der Veranstaltung am 9.6. 1988 im VdgB Ringberghaus Suhl.*

9. *Einsatz von zwei operativen Mitarbeitern der Abteilung II zur Sicherung und Kontrolle der BRD-Korrespondenten während der Veranstaltung am 9.6.1988 im VdgB Ringberghaus Suhl.*

10. *Einleitung von Fahndungsmaßnahmen an den Grenzübergangsstellen (GÜST) des Bezirkes Suhl zur aktuellen Signalisierung der erfolgten Ein- und Ausreise der BRD-Korrespondenten sowie zur Dokumentierung der Reisedokumente.*

11. *Schwerpunktmäßiger Einsatz von operativen Kräften der Abt. VIII zur Kontrolle der BRD-Korrespondenten im Stadtgebiet von Suhl und Feststellung und Dokumentierung von Aktivitäten außerhalb des genehmigten journalistischen Vorhabens.*

3

Für die gesamte Arbeit mit den BRD-Korrespondenten wurden verantwortlich gemacht:

- Genosse ███████ - Pressereferent - Rat des Bezirkes Suhl

- Genosse ███████ - Persönlicher Mitarbeiter des Oberbürgermeisters der Stadt Suhl und verantwortlich für Öffentlichkeitsarbeit.

Im Rahmen der politisch-operativen Sicherung der BRD-Korrespondenten ist besonders zu beachten, daß die BRD-Delegation zu den Paraphierungsverhandlungen mit einseitigen Ergänzungen zu dem bereits abgestimmten Vertragstext erscheint und damit noch nicht eindeutig festliegt, ob es zu der vorgesehenen Paraphierung der Städtepartnerschaft kommt.
Bei Nichtparaphierung ist mit entsprechenden Aktivitäten der BRD-Korrespondenten zu rechnen.

In Vorbereitung und Durchführung des Aufenthaltes werden folgende politisch-operative Maßnahmen realisiert:

1. Abstimmung und Koordinierung der erforderlichen politisch-operativen Kontrollmaßnahmen mit dem für die Sicherung des Aufenthaltes der Würzburger Delegation Verantwortlichen Gen. OSL ███████ - stellv. Leiter der KD Suhl durch den Gen. OSL ███ - stellv. Leiter der Abteilung II.

Termin: 7. 6. 1988
Verantwortlich: OSL ███

2. Bildung einer Einsatzgruppe der Abteilung II für die Zeit vom 9. 6. bis 10. 6. 88 in der Stärke von 1:3 unter Leitung des Referatsleiters 3, Genossen Major ███████

Verantwortlich: Major ███████

3. Das Sekretariat der Abteilung II wird in der Zeit vom 9. 6. bis 10. 6. 1988 durchgängig besetzt.
Als Lageoffizier der Einsatzgruppe der Abteilung II wird der Genosse Feldwebel ███████ eingesetzt.

Verantwortlich: Referatsleiter 3 und Fw. ███████

am 21.09 ███████
22.09

Abb. d.1 Originalausschnitt Akte: Maßnahmeplan

BStU
000255

4

4. Einsatz des IME "Rudi Rund" in Schlüsselposition

Vom MfAA wurde der IME mit der Betreuung der anwesenden BRD-Korrespondenten beauftragt:

"Rudi Rund" ist verantwortlich für die exakte Durchsetzung der getroffenen staatlichen Festlegungen zum Aufenthaltsprogramm und die Gewährleistung der staatlichen Sicherheitsinteressen.

Zur Gewährleistung eines aktuellen Informationsflusses sind täglich Treffs mit dem IME durchzuführen .

Termin/
Verantwortlich: täglich
Referatsleiter 3

5. Einsatz eines IM der Abteilung XV in Schlüsselposition:

Der IM ______________ der Abteilung XV wurde entsprechend einer Festlegung der SED-Bezirksleitung Suhl als Verantwortlicher für das Pressebüro eingesetzt.
Durch den Gen. OSL ██████ stellv. Leiter der Abt. II, erfolgt auf der Grundlage eines konkreten Informationsbedarfes die Abstimmung mit der Abteilung XV zum Einsatz des IM.

Verantwortlich: OSL ██████
Termin: 7. 6. 1988

6. Einsatz weiterer IM der Abteilung II

Zur Kontrolle und Sicherung der BRD-Korrespondenten werden entsprechend der vorhandenen operativen Möglichkeiten

- in der Galerie im Steinweg der IMS "Kern",
- während des Pressegespräches die IMS "Kurt Beyer", IMS "Sauer",
- in der HOG "Goldener Hirsch" der IMK/KW "Blacky"

eingesetzt. im Freizeitbereich werden eingesetzt: IMS "Kern"

Verantwortlich: Leiter der Abt. II ██████

7. Durch den Gen. OSL ██████ stellv. Leiter der Abt. II, erfolgt auf der Grundlage eines konkreten Informationsbedarfes eine Abstimmung mit dem Leiter der Abt. VI, Gen. OSL ██████, zum Einsatz von IM/GMS der Abteilung VI im Unterkunftsobjekt der BRD-Korrespondenten Interhotel

Abb. d.2 Originalausschnitt Akte: Maßnahmeplan

5

"Thüringen Tourist" Suhl

Termin: 7. 6. 1988
Verantwortlich: OSL

8. Abstimmung und Koordinierung der erforderlichen politisch-operativen Kontrollmaßnahmen zwischen dem Genossen OSL , stellv. Leiter der Abt. XVIII durch den Gen. OSL , stellv. Leiter der Abteilung II, zum Aufenthalt der BRD-Korrespondenten während der Veranstaltung am 9. 6. 1988 im VdgB Ringberghaus Suhl.

Termin: 7. 6. 1988
Verantwortlich: OSL

9. Einsatz von zwei operativen Mitarbeitern der Abt. II zur Sicherung und Kontrolle der BRD-Korrespondenten während der Veranstaltung am 9. 6. 1988 im VdgB Ringberghaus Suhl

Termin: 9. 6. 1988
Verantwortlich: Referatsleiter 3

10. Einleitung von Fahndungsmaßnahmen an den GÜST des Bezirkes Suhl zur aktuellen Signalisierung der erfolgten Ein- und Ausreise der BRD-Korrespondenten sowie zur Dokumentierung der Reisedokumente.

Termin f. Abstimmung: 7. 6. 1988
Verantwortlich: Leiter der Abt. VI
Leiter der Abt. II

11. Schwerpunktmäßiger Einsatz von operativen Kräften der Abt. VIII zur Kontrolle der BRD-Korrespondenten im Stadtgebiet von Suhl und Feststellung und Dokumentierung von Aktivitäten außerhalb des genehmigten journalistischen Vorhabens.

Termin: f. Beratung 7. 6. 1988 (mit VIII)
Verantwortlich: Leiter der Abt. VIII
Leiter der Abt. II

12. Realisierung der Maßnahme "A" durch die Abteilung 26 im eingerichteten Pressebüro des Beratungszentrums des DFD Suhl zur Kontrolle der eventuellen Informationsübermittlungen in die BRD durch die BRD-Korrespondenten sowie im Unterkunftsobjekt

Abb. d.3 **Originalausschnitt Akte: Maßnahmeplan**

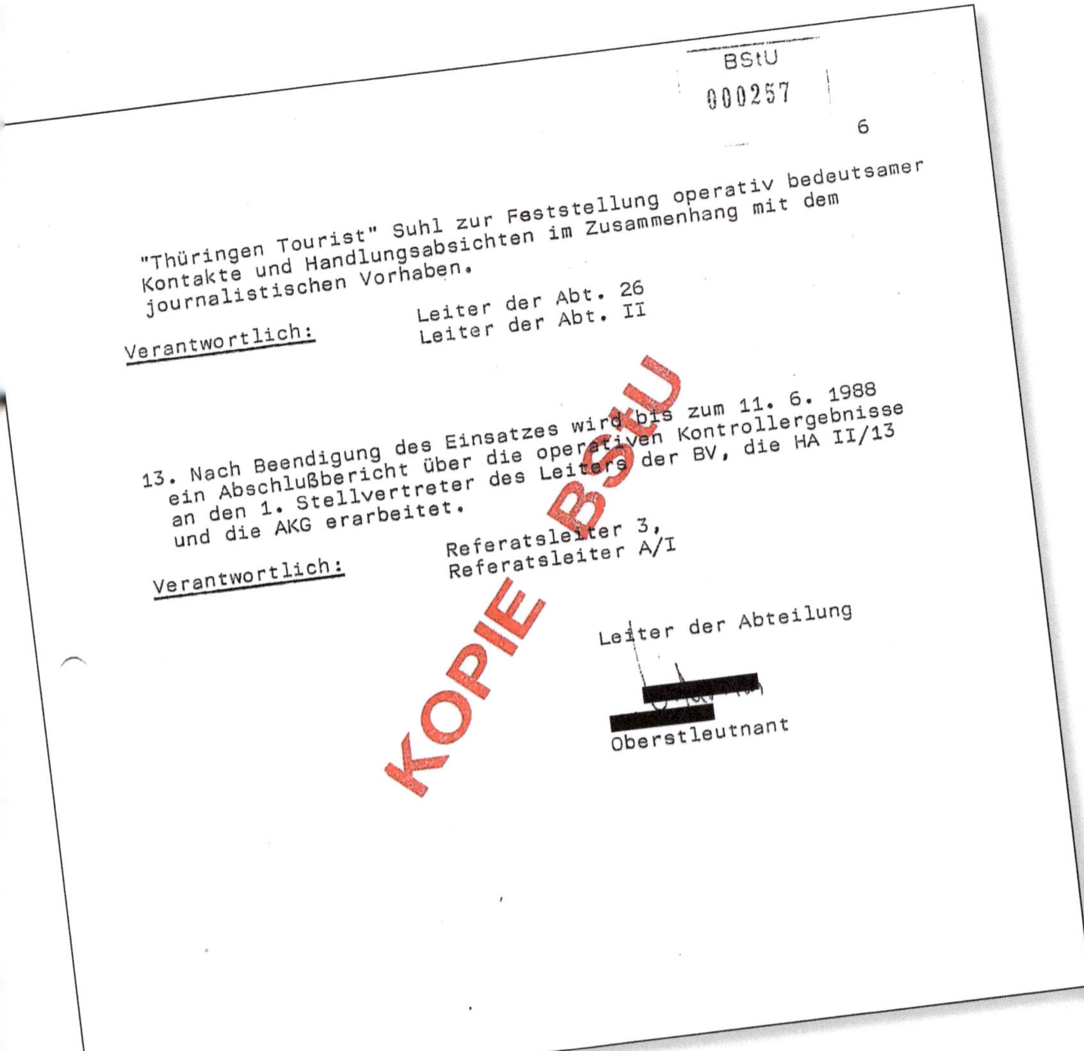

BStU

000257

6

"Thüringen Tourist" Suhl zur Feststellung operativ bedeutsamer Kontakte und Handlungsabsichten im Zusammenhang mit dem journalistischen Vorhaben.

Verantwortlich: Leiter der Abt. 26
Leiter der Abt. II

13. Nach Beendigung des Einsatzes wird bis zum 11. 6. 1988 ein Abschlußbericht über die operativen Kontrollergebnisse an den 1. Stellvertreter des Leiters der BV, die HA II/13 und die AKG erarbeitet.

Verantwortlich: Referatsleiter 3,
Referatsleiter A/I

Leiter der Abteilung

Oberstleutnant

Abb. d.4 **Originalausschnitt Akte: Maßnahmeplan**

12. *Realisierung der Maßnahme „A“ durch die Abteilung 26 im eingerichteten Pressbüro des Beratungszentrums des DFD Suhl zur Kontrolle der eventuellen Informationsübermittlungen in die BRD durch die BRD-Korrespondenten sowie im Unterkunftsobjekt „Thüringen Tourist“ Suhl zur Feststellung operativ bedeutsamer Kontakte und Handlungsabsichten im Zusammenhang mit dem journalistischen Vorhaben.*

13. *Nach Beendigung des Einsatzes wird bis zum 11.6.1988 ein Abschlußbericht über die operativen Kontrollergebnisse an den 1. Stellvertreter des Leiters der Bezirksverwaltung, die HA II/13 und die AKG erarbeitet.*

BR-Telefonberichte werden mitgeschnitten

Die Stadt war voller Stasi-Leute, in ihren braunen Ledermänteln umlagerten sie das Hotel „Thüringen Tourist", konnten aber nicht verhindern, dass dem Würzburger Oberbürgermeister von DDR-Bürgern Briefe mit Namen von Ausreisewilligen zugesteckt wurden.

Im Hotel gab ich einen ersten Telefonbericht an das Würzburger BR-Studio durch. Die Leitung war vorgemeldet, trotzdem dauerte es eine ganze Weile. Viele Jahre später erfuhr ich, warum. In der Akte „Antenne" finden sich Abschriften aller Telefonate aus dem Hotel „Thüringen Tourist". Mitgeschnitten von der Staatsicherheit und Wort für Wort abgeschrieben, betreut von der Gruppe „Main", innerhalb der Abteilung II, Spionageabwehr. Unter diesem Überbegriff sind alle Bespitzelten in Unterfranken zusammengefasst:

> ***Abteilung II***
> ***„Main", Suhl, 9.6.1988***
>
> ***Vertrauliche Dienstsache!***
>
> *Bei dem Eberhard Schellenberger vom Bayerischen Rundfunk meldet sich das Studio in Würzburg und in einem Livegespräch wird er von dem F. begrüßt.*
>
> *Danach gibt der Schellenberger folgenden Situationsbericht:*
> *„In Suhl wird heute die Partnerschaft weiter geknüpft, die Partnerschaft zwischen der DDR-Stadt Suhl und Würzburg. In Suhl ist dieser 9. Juni 1988 der gleiche neblige Tag wie bei euch drüben, im 130 km entfernten Würzburg. Hier löst heute eine Delegation die andere ab. Gestern machte sich eine Abordnung des Obersten Sowjet aus der Ukraine wieder auf. Heute früh sollte dann die Würzburger Delegation mit den obersten Spitzen der Stadt ankommen. Um 10.45 Uhr wartete der Suhler Oberbürgermeister auf dem Karl-Marx-Platz auf seinen Kollegen aus Würzburg, aber wer nicht kam war die Würzburger Delegation. Sie traf dann zehn Minuten vor 12 Uhr ein, mit einer Stunde Verspätung. Sie kamen zu spät in Würzburg los, dann mussten sie lange an der Grenze warten, das hatten sie wohl nicht einkalkuliert.*
>
> *Es gab eine freundliche Begrüßung, dann stieß man im Festsaal von Suhl mit Sekt an und im Moment wird der Delegation im Keller des Suhler Rathauses das Stadtmodell gezeigt. Nach dem Essen geht es an den Verhandlungstisch. Die mitgereisten Journalisten aus Würz-*

BILD 29 **Das damalige Hotel „Thüringen Tourist“ heute. Ein Stockwerk war für Westbesucher und verwanzt.**

burg bekommen dann alternativ die Stadt gezeigt, denn die Verhandlungen finden natürlich hinter verschlossenen Türen statt, und zwar im Abgeordnetenkabinett, unten im Keller. Ob man erfolgreich sein wird, das werden wir sicher gegen 18.30 Uhr von den Mienen der Stadtoberen ablesen können, dann sind nämlich alle zu einem „Thüringer Abend“ eingeladen.

Nun gut, vor Beginn der Verhandlungen zeigten sich beide Seiten zuversichtlich, wie das immer so schön diplomatisch und nichtssagend heißt. Würzburg und Suhl werden heute Nachmittag einen Vertragstext auf den Tisch legen, der dann in Übereinstimmung gebracht werden muß.

Offen ist zur Stunde, ob darin schon konkrete Punkte, Austauschpläne etwa für Kultur- und Sportgruppen, genannt werden. Aber eines scheint sicher: Wenn die Verhandlungsrunde heute Nachmittag erfolgreich verläuft, dann gibt es im Herbst noch einmal je einen Besuchstermin in Suhl bzw. Würzburg, bei denen dann die Verträge rechtsgültig unterzeichnet werden. Ich werde mich dann morgen wieder in der Sendung melden. Um 9 Uhr früh sollen die Verträge hier unterschrieben werden.

Nach dieser Livesendung übernimmt der K. den Schellenberger und man vereinbart, daß sich das Studio morgen um 10.15 Uhr unter der gleichen Nummer meldet.

Das Würzburger „Volksblatt" hatte mich gebeten, ihm einen Artikel zu schreiben. Nachdem er fertig war, meldete ich wieder eine Leitung in die Bundesrepublik an, das Stasimitschnittgerät lief erneut:

Abteilung II
„Main", Suhl, den 9.6.1988

Vertrauliche Dienstsache!

Informationsbericht vom 9.6.1988

Der Richard (Rich englisch ausgesprochen) meldet sich aus der BRD bei dem Eberhard Schellenberger. Der Richard erkundigt sich, wie es in Suhl läuft. Daraufhin erklärt der Schellenberger, die Sonne scheine und es wird kräftig verhandelt. Konkrete Ergebnisse liegen bisher noch nicht vor. Gegen 18.15 Uhr ist vermutlich Verhandlungsende.

Schellenberger gibt folgenden Bericht durch:
„Es war gestern kurz nach 11.30 Uhr, als Suhls Oberbürgermeister Joachim Kunze zum wiederholten Male hinter den Gardinen im zweiten Stock seines Rathauses hervorspitzte und sich fragte, ob die Würzburger Gäste nun kommen. Mit einstündiger Verspätung wurde schließlich vom Grenzübergang Eußenhausen/Meiningen gemeldet, die drei städtischen Karossen aus Würzburg hätten das ‚Territorium der DDR' erreicht. Kurz vor 12 Uhr konnte Oberbürgermeister Kunze vor dem Suhler Rathaus seinem Amtskollegen Klaus Zeitler die Hand schütteln. ‚Verspätete Abfahrt aus Würzburg und halbstündiger Aufenthalt an der Grenze' lautete die Entschuldigung des Würzburger Stadtoberhaupts.

Die zweite Runde um eine Städtepartnerschaft Würzburg/Suhl konnte beginnen. Erster Schauplatz: Der Festsaal des Suhler Rathauses. Die Delegationen stellten sich gegenseitig vor, im Gegensatz zum Würzburgbesuch hat die Stadt Suhl diesmal Fraktionsvertreter der einzelnen Parteien aufgeboten. Nach einem Hinweis des Suhler Oberbürgermeisters auf den pflegeleichten Kunstblumenschmuck – da ist er ganz stolz drauf („die werden nur abgesaugt") – und freundlichen Worten bei einem Glas Sekt, durfte die Würzburger Delegation zunächst einmal die Suhler Küche genießen. Zum Mittagessen im „Spezialitätenrestaurant Hubertus" bummelten die De-

legationsmitglieder durch die Suhler Fußgängerzone. Es gab für die festlich gekleideten Damen und Herren neugierige Blicke von der 60 Meter langen Schlange vor der Thüringer Bratwurstbude. Originalton West: ‚Die haben wir auf dem Würzburger Marktplatz auch!' Die Speisekarte für die Gäste aus Würzburg: Im Bierteig gebackene Mittelmeergarnelen, gefülltes Rindsrückensteak mit Stangenspargel, Kräuterchampignons und Pistazien Parfait auf Fruchtsaucenornament mit Kokossahne. Bestimmt kein Alltagsmenü in der DDR.

Welches Menü sich die Delegationsmitglieder am Nachmittag servierten, blieb bisher unbekannt. Abgeschirmt zog man sich ins sogenannte Abgeordnetenkabinett im Keller des Suhler Rathauses zu den Beratungen zurück. Der Verhandlungstisch, garniert mit den Stadtwappen von Würzburg und Suhl sowie feuerroten Nelken (echt), sah ein gemischtes, antialkoholisches Getränkesortiment für jede Gesprächslage vor: Vom nüchternen Mineralwasser über süßen Maracujasaft bis zu Bitterlemon.

Zum Auftakt der Gespräche hatten die Delegationen die überarbeiteten Partnerschaftsverträge ausgetauscht und versuchten in einer auf vier Stunden angesetzten Verhandlung sich auf einen gemeinsamen Vertragstext zu einigen. Wie von DDR-Seite zu erfahren war, möchte man bis November die Partnerschaft unter Dach und Fach haben, um dann im Jahre 1989 mit einem Austausch von Jugend- und Kulturgruppen beginnen zu können. Bei einem Thüringer Abend im ‚Ringberghaus', einem Ferienheim der ‚Vereinigung der gegenseitigen Bauernhilfe' hoch über der Stadt, wurde der erste Verhandlungstag beschlossen.

Heute Vormittag wollen die Delegationen um 9 Uhr im Suhler Rathaus ihre Ergebnisse vorstellen, anschließend beabsichtigen die beiden Oberbürgermeister mit ihrer Unterschrift den Vertrag zu paraphieren. Dann hat die West- und Ostpresse Gelegenheit, in einem Gespräch näheres über die Verhandlungen zu erfahren."

Schellenberger verabschiedet sich von dem Richard bis morgen.

9.6.1988
17.47 Uhr
F.d.R. L., Unterleutnant (Ultn)

Als Würzburgs OB den Bundespräsidenten zitierte

Die Partnerschaft wurde einstimmig beschlossen, die Urkunden von beiden Oberbürgermeistern unterzeichnet. Und dann wurde es ganz still im Saal, als der Würzburger Oberbürgermeister Klaus Zeitler ans Mikrofon trat:

> *„Von Richard von Weizsäcker, dem Bundespräsidenten der Bundesrepublik Deutschland, stammt das Wort. Wir sind hüben und drüben Deutsche, wenn auch in zwei Staaten. Uns verbindet mehr als Sprache, Kultur und die Haftung für unsere Geschichte. Die wesentlichen Ziele stellen sich uns. Gemeinsam mit Richard von Weizsäcker, dem Bundespräsidenten, können wir uns wohl auch auf die Selbstverständlichkeit, die er zur Frage der Nationalität geäußert hat, verständigen. Ich bin ein Deutscher, wie ein Franzose ein Franzose, ein Russe ein Russe ist. Das ist weder ein Mangel noch ein Verdienst. Ich habe es mir nicht ausgesucht. Genauso wenig wie die Zeit, in der ich lebe, die mich prägt. Das ausgehende 20. Jahrhundert. Es lebe die Partnerschaft Suhl – Würzburg. Es lebe die Freundschaft zwischen den Bürgern der DDR und der Bundesrepublik Deutschland. Möge dies ein Schritt auf dem Wege zum Frieden, zu Fortschritt und guter Nachbarschaft zwischen uns Deutschen in unterschiedlichen Teilen unseres Landes sein. Ich danke Ihnen."*

Applaus, auch auf DDR-Seite. Das BR-Mikrofon hatte alles mitgeschnitten, nach Rückkehr in die Bundesrepublik wurde es vom Regionalprogramm gesendet. Und auch die Suhler konnten es hören, über den Bayerischen Rundfunk, der auch in Suhl bestens zu empfangen war. In DDR-Medien wurde über das Zustandekommen einer Partnerschaft erst viel später und „gut sortiert" berichtet.

Auch der nächste Telefonbericht für das BR-Mittagsmagazin wurde von der Staatsicherheit sorgfältig „dokumentiert" und aktenkundig:

> ***Abteilung II***
> ***„Main", 10.06.1988***
>
> ***Vertrauliche Dienstsache!***
>
> *Eberhard Schellenberger vom Bayerischen Rundfunk gibt dem Studio in Würzburg folgenden Text durch:*
> *„Wer eine Partnerschaft abschließen will, muß offensichtlich zu den Frühaufstehern gehören. Es war genau 5 Minuten nach 9 Uhr heute Morgen, als Suhls Oberbürgermeister Kunze und sein Würzburger*

Kollege Zeitler im Festsaal des Suhler Rathauses ihre Unterschriften auf das Büttenpapier setzten, das über Nacht mit der Partnerschaftsvereinbarung beschriftet worden war.

Das war gar nicht so einfach, war zu hören, das feste Papier wollte zunächst nicht in die Schreibmaschine. Aber wenn das das einzige Problem war. Und nachdem die Oberbürgermeister sich mit ungarischem Sekt der Marke „Parlament" zugeprostet hatten, teilten sie auch der Presse aus Ost und West mit, was gestern Nachmittag in vierstündiger Verhandlung vereinbart worden war.

Im September und November ist die Ratifizierung der Partnerschaft in den beiden Städten.

Die Oberbürgermeister werden sich dabei jeweils in der Partnerstadt bei einer Bürgerversammlung den Bürgern stellen. Es wird Busreisen für Würzburger geben, Gelegenheit die Partnerstadt kennenzulernen.

Am Samstag in einer Woche kommt bereits die Würzburger SPD mit 100 Personen.

Aus Suhl werden leider zunächst solche Busse nicht aufbrechen. Konkret wird es dann 1989. Jugendaustausch von 30 Personen, auf DDR-Seite organisiert von „Jugendtourist", der Reiseorganisation der FDJ.

Es wird sogenannte „Friedensgespräche" geben, 10 Vertreter der jeweiligen Stadt stellen sich einer breiten Öffentlichkeit. Die Würzburger Delegation konnte erreichen, daß zum Kiliansjubiläum ein Chor aus Suhl nach Würzburg kommt. Außerdem wird es in Suhl und Würzburg je eine Fotoausstellung geben. Begegnungen auf der Ebene des Sports werden erst 1990 möglich sein, weil sie im deutsch-deutschen Sportkalender festgelegt werden müssen.

Auch der Wunsch nach einem Auftritt der Suhler Philharmonie in Würzburg stößt zwar hier auf Verständnis, aber das Orchester umfaßt über 100 Personen und das muß dann auf höherer Ebene abgesegnet werden.

Beide Oberbürgermeister machten klar, daß nur kleine Schritte so eine Partnerschaft voranbringen. Zeitler und Kunze, die sich in Statur und Art ein bisschen ähneln, verstehen sich übrigens persönlich recht gut. Sie haben auch gemeinsame Interessen: Die dicke Zigarre und die Liebe zum Cognac.

Die Würzburger Delegation wird heute gegen 17 Uhr Suhl verlassen, um auch rechtzeitig zuhause zu sein. Denn in beiden deutschen Staaten sieht man einem Ereignis heute mit gemeinsamen Interesse entgegen: Dem Beginn der Fußballeuropameisterschaft heute Abend in Düsseldorf mit der Begegnung BR Deutschland gegen Italien. Wenn man auch hier nachhaltig bedauert, daß die Fußballmannschaft der DDR die Qualifikation diesmal leider nicht geschafft hat."

Da alles gut angekommen ist, verabschiedet sich der Klaus von dem Schellenberger.

10.57 Uhr
F.d.R. J., Leutnant

Der erste Delegationsbesuch aus Würzburg in Suhl war gelaufen. IM „Rudi Rund" hatte jetzt noch Arbeit. Die Stasizentrale in Ostberlin wollte detailliert wissen, wie es gelaufen ist:

Bezirksverwaltung für Staatssicherheit Abteilung II
Suhl, 11. Juni 1988

Abschlusseinschätzung zum Aufenthalt von BRD-Korrespondenten anläßlich der Paraphierung der Vereinbarung der Städtepartnerschaft Suhl – Würzburg

Im Ergebnis ist insgesamt einzuschätzen, daß sich alle anwesenden BRD-Korrespondenten an die erteilten Arbeitsgenehmigungen hielten. Das vorbereitete Programm wurde mit den genehmigten Zusatzbeantragungen akzeptiert. Gewünschte Befragungen im Stadtgebiet Suhls wurden mit dem Hinweis, daß solche im MFAA zu beantragen und in der Praxis erst nach der Ratifizierung der Städtepartnerschaft üblich sind, abgelehnt.

Kritische Äußerungen gab es durch die Korrespondenten D. und Schellenberger über zu lange Abfertigungszeiten an der Grenzübergangsstelle (GÜST) Meiningen bei der Einreise. Dazu nahmen sie auch in der bisher erfolgten aktuellen Berichterstattung in ihren Sendern Stellung.

Inoffiziell wurde erarbeitet, daß Schellenberger neben seiner Tätigkeit für den Bayerischen Rundfunk auch für das „Volksblatt" Würzburg berichtete.

Entsprechend der staatlichen Genehmigung wurde folgendes Programm für die BRD-Korrespondenten realisiert:

9.6.1988

Besuch des „Waffenmuseums" Suhl und Gespräch mit dessen Leiter zum Museum und der Stadtgeschichte Suhls. Dieser Programmpunkt wurde zusätzlich aufgenommen, um die Korrespondenten zeitlich zu binden. Die Korrespondenten traten dabei sachlich und korrekt in Erscheinung.

- *Teilnahme der Korrespondenten an der Begrüßung der Delegation aus Würzburg. Die BRD-Korrespondenten nahmen passiv teil. Es erfolgten Tonaufnahmen durch Schellenberger, Eberhard und D.G.*
- *Gespräch im Kulturhaus Suhl mit dem Leiter des Kultur- und Sportzentrums Suhl, Genosse S.*
  Genosse S. trat mit einer qualifizierten politischen Argumentation in Erscheinung und zeigte Interesse an den gemachten Darlegungen.
- *Am Abend nahmen die BRD-Korrespondenten am Empfang des Oberbürgermeisters im Café des VdgB-Ringberghauses Suhl teil. Dort erfolgte eine Führung durch die Bauerngalerie und Teile des Ferienheimes. Diese Veranstaltung verlief ohne Vorkommnisse und journalistischen Aktivitäten der BRD-Korrespondenten.*

10.6.1988

- *Teilnahme der BRD-Korrespondenten an der Paraphierung der Vereinbarung über die Städtepartnerschaft Suhl – Würzburg und anschließendem Pressegespräch nahmen neben den BRD-Korrespondenten Journalisten der DDR-Presse des Bezirkes Suhl, ADN und ND, teil. Zu Beginn wurde eine gemeinsame Presseerklärung verlesen.*

Die Fragestellungen gingen vor allem von Seiten der DDR-Presse aus. Seitens der BRD-Korrespondenten gab es Fragen durch Schellenberger, Eberhard zum weiteren Vorgehen bis zur Ratifizierung der Städtepartnerschaft und zur Ausgestaltung des Jahresplanes 1988.

- *Teilnahme der BRD-Korrespondenten an der Stadtrundfahrt mit den Delegationen.*
- *Im Tierpark Suhl realisierte der Korrespondent des Bayerischen Rundfunks, Schellenberger, das genehmigte Interview mit dem Direktor sowie Mitgliedern der Feierabendbrigade des Tierparks. Sie traten mit einer qualifizierten Argumentation in Erscheinung.*

Die Ausreise der BRD-Korrespondenten erfolgte über die Grenzübergangsstelle Meiningen am 10.6.1988 durch Schellenberger, Eberhard um 17.25 Uhr.

Die bisher bekannt gewordenen Veröffentlichungen der Korrespondenten zeigen unter Beachtung, daß es sich um Massenmedien der BRD handelt, eine gewisse Sachlichkeit und Objektivität. Sie waren bemüht, durch ihre Berichterstattung die anstehende Ratifizierung der Städtepartnerschaft Suhl – Würzburg nicht zu belasten.

Der Brieftaubeneklat

Nachsatz: Die skurrilste Geschichte bei diesem Besuch in Suhl war ein Eklat besonderer Art. Ein Würzburger Delegationsmitglied aus dem Stadtrat hatte eine Brieftaube mit nach Suhl gebracht. Da die Delegationsmitglieder an der Grenze wie Diplomaten behandelt wurden und man sie nicht kontrollierte, reiste die „Friedenstaube" unbemerkt heimlich in einem Käfig nach drüben. Und als sie dann fliegen sollte, waren die Suhler Gastgeber entsetzt und untersagten das Friedenszeichen quer durch den deutsch-deutschen Luftraum. Die Würzburger Taube reiste still im Käfig wieder zurück zur Grenze. Am Übergang Eußenhausen-Meiningen wurde sie freigelassen und flog in Richtung Main nach Hause.

Brief an den BR abgefangen

Beiträge der „Welle Mainfranken", dem BR-Regionalprogramm, über die Städtepartnerschaft Würzburg – Suhl erfreuten sich in der Suhler Bevölkerung einer großen Beliebtheit. Entweder wurden sie über die Grenze hinweg direkt im Programm verfolgt, oder sie kreisten als Tonkassette in der Stadt.

Als eine Stammhörerin des BR-Regionalprogramms einen Brief von Suhl nach Würzburg schrieb, wird dieser von der Abteilung M im Suhler Postamt herausgefischt, kopiert in die Akte gegeben, und ging dann weiter in den Westen.

Die Frau bekam Besuch von der Staatssicherheit wegen folgender Zeilen:

Suhl, den 21.6.88

Sehr geehrter Herr Schellenberger!

Auch ich höre täglich die „Welle Main-Franken" und die Sendung gefällt mir gut.

Durch Sie bin ich nun auch über die Städtepartnerschaftsvereinbarungen etwas genauer informiert.

Wir finden eine solche Partnerschaft gut, ist sie doch besser als gar keine Annäherung (obwohl wir persönlich keine Illusionen haben).

Ihnen wünsche ich alles Gute und meinem Brief ein gutes Ankommen.

Viele herzliche Grüße
an Sie und alle Mitarbeiter
der „Welle-Main-Franken"
Ihre Hörerin
C.M.

Zu viele Reisen – verdächtig?

Dem stellvertretenden Leiter der Hauptabteilung II (Spionageabwehr) beim Ministerium für Staatssicherheit in Berlin fiel im Juli 1988 auf, dass sich meine Anträge für Pressereisen aus Würzburg häuften, dazu noch die Privatkontakte in die Lausitz. Also schrieb der Oberstleutnant aus Berlin an die Staatssicherheit bei der Bezirksverwaltung nach Suhl. Mitarbeiter beim öffentlichen Rundfunk in der BRD hielt die Stasi für potenzielle Zuträger für den Nachrichtendienst der anderen Seite, also des BND. Und so wurde eine „OPK" empfohlen, eine Operative Personenkontrolle, mit umfangreicheren Überwachungsmaßnahmen, an den Poststellen in die Bundesrepublik, bei Telefonaten, und es wurden künftig auch meine Hörfunkbeiträge im BR abgehört, mitgeschnitten, abgeschrieben und der Akte „Antenne" beigefügt. Der Oberstleutnant schrieb:

Ministerium für Staatssicherheit
Hauptabteilung II
Stellv. Leiter
Berlin, 19.7. 1988

An
Bezirksverwaltung für Staatssicherheit stellv. Operativ
Suhl

Aktivitäten

des Reisekorrespondenten Schellenberger, Eberhard (30), wohnhaft in Würzburg – im Zusammenhang mit der Städtepartnerschaft Suhl – Würzburg/BRD

Intern konnte zuverlässig erarbeitet werden, daß der Schellenberger 1988 im Rahmen der genannten Städtepartnerschaft wiederholt zur Realisierung von journalistischen Vorhaben in den Bezirk Suhl einreiste.

Seine Aufenthalte in Suhl sowie die Erstauswertung gesendeter Beiträge des Sch. belegen, daß er zumindest eine grundsätzliche loyale politische Haltung gegenüber der DDR und der Dialogpolitik gegenüber der DDR-BRD vertritt.

Es liegen Erkenntnisse vor, wonach der Sch. weiterhin beabsichtigt, nach Suhl einzureisen, um dort geschlossene DDR-Kontakte aufrechtzuhalten.

Da positive Ansatzpunkte zur abwehrmäßigen Bearbeitung des Sch. durch Ihre Abteilung II (Spionageabwehr) bestehen, wird wie bereits mit dem Leiter der Abteilung, Genosse Oberstleutnant L. abgesprochen, die zeitweilige Erfassungsübergabe bei der Abt. XII des MfS zugunsten der BV Suhl, Abt. II vorgeschlagen. Einzuleitende Abwehr- und Aufklärungsmaßnahmen im Rahmen einer operativen Personenkontrolle zu Sch. sind mit der HAII/13 grundsätzlich zu koordinieren, da Sch. weitere operativ-bedeutsame Kontakte in andere Bezirke der DDR und offizielle Arbeitskontakte zum Ministerium für Auswärtige Angelegenheiten, Abt. Journalistische Beziehungen unterhält.

Um weitere Veranlassung wird gebeten.
H., Oberstleutnant

Geheimer Truppenübungsplatz

Während die Staatssicherheit in Suhl eine „Operative Personenkontrolle“ zur Akte „Antenne“ startete, wurden auch viele hundert Kilometer weiter die Kollegen der Staatssicherheit in Cottbus tätig. Hier lag die Akte „Journalist“, die meine privaten Reisen in die DDR begleitete. Beide Bezirksverwaltungen standen zudem im Austausch. Kopien über meine Aktivitäten fanden sich identisch in beiden Akten.

Allerdings hätte es für uns und unsere Freunde gefährlich werden können, wie ich nach der Wende der Akte „Journalist“ entnahm. Grund ist ein geplanter Truppenübungsplatz. Er befindet sich in genau der Gegend, in der wir mit unseren Freunden auch mal zum Pilze sammeln unterwegs waren. Kaum auszudenken, was passiert wäre, wenn sie uns damals bei einem solchen Ausflug aufgegriffen hätten. Im Juli 1988 wurde eine Operative Personenkontrolle auch in der Lausitz gestartet:

04.07.1988
MfS Cottbus, Diensteinheit Hoyerswerda

Gründe für das Einleiten zur operativen Personenkontrolle (OPK) „Journalist“

„S. ist Anwohner eines neuen Truppenübungsplatzes, wo 1989 der Übungsbetrieb aufgenommen wird, und er unterhält operative internationale Kontakte zu einem Journalisten des Bayer. Rundfunks, welcher seit 1983 jährlich zu S. einreist.“

Zielstellung der OPK:
„Eindeutige Klärung des Charakters der Verbindung des B.S. zum Journalisten des Bayerischen Rundfunks. In Koordination mit der HA II/13 ist zu prüfen, ob S. zur direkten Bearbeitung und Aufklärung des Schellenberger genutzt werden kann.“

Eingesetzte IM: IM „Walter“, IM „Schmidt“
Nach bisherigen Angaben wird dieser genannte Truppenübungsplatz als Panzerschießplatz für die 7. PD sowie als Schießplatz für Mot-Schützeneinheiten ausgebaut.

Im Rahmen der Verdichtung des bisherigen Ausgangsmaterials wurde durch IM erarbeitet, dass während der Aufenthalte des Schellenberger/BRD bei Familie S. der BRD-Pkw kaum oder gar nicht genutzt wurde und alle Fahrten im Pkw des S. durchgeführt wurden.

Zielstellung der op. Personenkontrolle:

Die Bearbeitung der OPK hat sich schwerpunktmäßig auf folgende Fragen zu konzentrieren:
- *Eindeutige Klärung des Charakters der Verbindung des S. zum Journalisten des Bayer. Rundfunks, Schellenberger.*
- *Ist der Kontakt zwischen den Familien rein privat oder wird S. von Schellenberger zum Truppenübungsplatz abgeschöpft? Gibt es Hinweise, dass S. bereits Informationen an Schellenberger gegeben hat?*

– Desweiteren soll ausgehend von der geführten Absprache mit der HA II/13 am 10.03.1988 sowie dem vorliegenden Schreiben der HA geprüft werden, ob S. zur direkten Bearbeitung und Aufklärung des Schellenbergers genutzt werden kann.

gezeichnet Leiter der Diensteinheit A., Oberstleutnant
und op. Mitarbeiter K., Hauptmann.

Inwieweit diese spezielle Untersuchung fortgesetzt wurde, ist nicht bekannt. In der Akte finden sich keine weiteren Details. Wenige Tage nach dem Mauerfall gab es den Abschlussbericht. Unser Freund wäre nach Auffassung der Staatssicherheit ein Risiko gewesen, ihn zum Spitzeleinsatz gegen mich anzuwerben, zumal die politische „Wendesituation" auch die Arbeit der Staatssicherheit mehr und mehr beeinflusste. Dass die Tage der Stasi auch nach dem Mauerfall gezählt waren, ahnten sie wohl Mitte November 1989 noch nicht:

Abschlussbericht zur OPK Journalist, Hoyerswerda 15.11.1989

Begründung zum Abschluß der OPK:
Da es sich bei B.S. um einen sehr sensiblen und stark religiös gebundenen Menschen handelt, würde er bei einer direkten Konfrontation (Kontaktierung) mit dem MfS in einen sogenannten „Gewissenskonflikt" geraten und sich dem Pfarrer von L. offenbaren. Dieses Risiko einzugehen, wäre bei der jetzigen aktuell-politischen Situation unvertretbar.
Daher wird vorgeschlagen, die OPK „Journalist" in der BV Cottbus gesperrt zur Ablage zu bringen.

gezeichnet Leiter der KD A., Oberstleutnant
und op. Mitarbeiter K., Hauptmann.

„F-Objekte" an der Grenze

Zurück zur Partnerschaft Suhl – Würzburg. Der nächste Besuch einer Delegation in Suhl stand an. Noch war es ein Jahr bis zum Mauerfall, aber auch in Suhl war bereits Unruhe zu spüren, und die Staatssicherheit beantwortete dies mit noch mehr Kontrollen, vor allem wenn Westjournalisten im Spiel waren. Diesmal reiste ich zusammen mit einer Würzburger Journalistenkollegin ein. Am Grenzübergang wurden wir schriftlich als „F-Objekte" gemeldet, „F" für „Fahndung". Als ob wir etwas verbrochen hätten.

Meiningen, den 21.09.88
HA/BV
Abt./KD II General L.

Fahndungsergebnis zum Fahndungsobjekt Nr. T 449

Das o.g. Fahndungsobjekt reiste am 21.09.88 um 8.50 Uhr
über die Güst Meiningen in Richtung DDR
Übergabe an Abt. III (wurde angenommen)
Einreise erfolgte im Wechselverkehr bis 22.09.88

Reiseziel: Suhl
Kfz Pkw Wü-xx xx
VW Golf, rot
Halter: T 499
Mitreisende: T 447

Zeitschlüssel: Feststellung: 08.42 Uhr
Verständigung: OLZ 08.42 Uhr – 08.43 Uhr
Übergabe an Abt. III:08.44 Uhr – 08.45 Uhr
Einreisezeit: 08.50 Uhr

Die beiden F-Objekte erschienen ohne Erfassungsdokumente zur Einreiseabfertigung an der Güst. Zum Ausfüllen dieser wurden sie auf den Parkplatz verwiesen. Anhand der mitgeführten Arbeitsbescheinigung wurde bekannt, daß die F-Objekte über die Ratifizierung der Städtepartnerschaft zwischen Suhl und Würzburg berichten wollen.

Im Oktober findet die gleiche Veranstaltung in Würzburg statt, wo eine Suhler Delegation teilnehmen wird.

Erste geplante Maßnahmen sind der Austausch einer Jugenddelegation sowie die Durchführung einer Fotoausstellung.

Während der Abfertigung zeigten sich die Reisenden höflich und korrekt. Die oben genannten Angaben tätigte das F-Objekt T 449. Das F-Objekt T 447 verhielt sich ruhig und zurückhaltend und tätigte keinerlei Äußerungen.

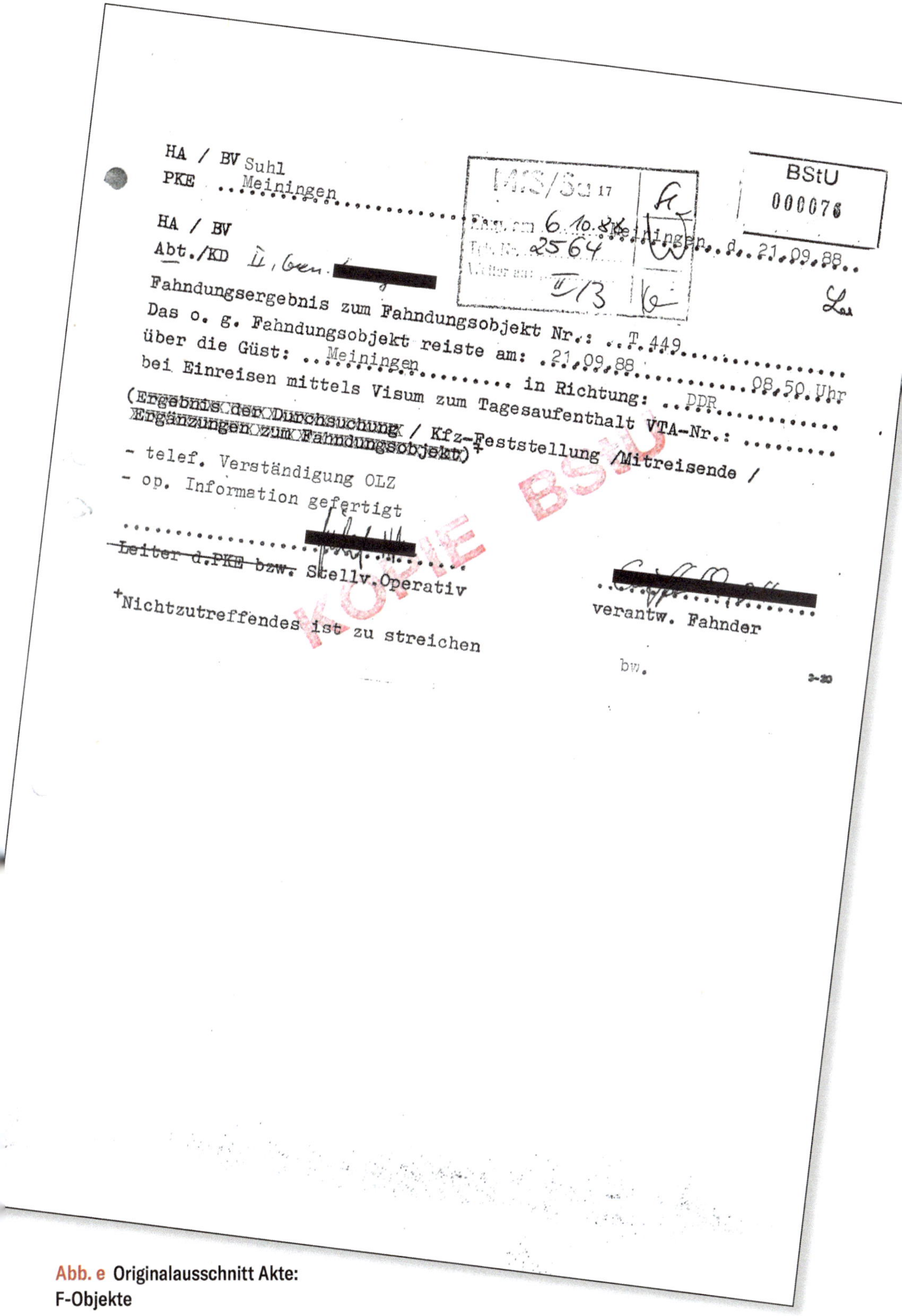
HA / BV Suhl
PKE ..Meiningen.....................

HA / BV
Abt./KD II, Gen. [redacted]

MfS/Su 17
Eing. am 6.10.88
Reg. Nr. 2564
Weiter an: II/13

BStU
000076

Meiningen, d. 21.09.88..

Fahndungsergebnis zum Fahndungsobjekt Nr.: ..T 449..............
Das o. g. Fahndungsobjekt reiste am: .21.09.88...............08.50 Uhr
über die Güst: ..Meiningen......... in Richtung: ..DDR...........
bei Einreisen mittels Visum zum Tagesaufenthalt VTA-Nr.: ....
(~~Ergebnis der Durchsuchung~~ / Kfz-Feststellung /Mitreisende /
~~Ergänzungen zum Fahndungsobjekt~~)+

- telef. Verständigung OLZ
- op. Information gefertigt

....
~~Leiter d.PKE bzw.~~ Stellv.Operativ

....
verantw. Fahnder

+Nichtzutreffendes ist zu streichen

bw.

KOPIE BSTU

Abb. e Originalausschnitt Akte:
F-Objekte

Würzburger OB findet Reisepass nicht

Das Eintreffen der Würzburger Delegation verspätete sich erheblich. Ein Stadtrat wollte plötzlich mit seinem Jaguar in die DDR fahren, nicht mit dem städtischen Dienstwagen. Die Prachtkarosse hatte allerdings ein Autotelefon, und Funkanlagen waren an der Grenze nicht gern in westdeutschen Fahrzeugen gesehen. Er kam aber durch, und der Jaguar wurde zum bestaunten Objekt vor dem Hotel. Zudem hatte der Würzburger Oberbürgermeister seinen Reisepass nicht gefunden, ein Ersatzpapier musste ausgestellt werden, und das hatte eine andere Nummer – kurze Verwirrung am Grenzübergang.

Vor einem Jugendklub dann wieder Unerwartetes: Der Oberbürgermeister zog plötzlich frisch gedruckte Aufkleber mit den Stadtwappen von Suhl und Würzburg aus der Hosentasche und ging auf junge Leute zu. Die Stasibeobachter wurden hektisch, hielten sich aber im Hintergrund.

BILD 30 **Mit diesen Aufklebern zur Städtepartnerschaft sorgte Würzburgs Oberbürgermeister Klaus Zeitler für Aufregung, weil er sie spontan auf der Straße verteilte.**

Ich stellte mich mit dem BR-Mikrofon direkt neben den Aufkleber verteilenden Oberbürgermeister Zeitler, der die jungen Suhler ansprach: „Hier etwas, das Ihr auf Euer Motorrad oder Eure Aktentasche kleben könnt. Das ist die Stadt Würzburg, und das ist die Stadt Suhl." Ich ging mit dem Mikrofon in der Hand auf die jungen Leute zu: „Sagt Euch Würzburg was?" Die Antworten der jungen Suhler: „Eine Stadt in der Bundesrepublik. Wäre schön, wenn man mal rüber käme im Zug von so einer Städtepartnerschaft." Und dann noch einmal: „Kennst Du Würzburg?" Antwort: „Kenne ich nur auf der Landkarte." Nächste Frage: „Was erhoffst Du Dir von so einer Städtepartnerschaft? Kannst Du da mal hinüber bei einem Jugendaustausch?" Antwort des Jugendlichen: „Ich glaube nicht, dass das klappt. Da nehmen sie nicht solche Leute wie uns, nur Funktionäre."

Wie diese zuletzt angesprochenen staatlichen Jungfunktionäre ticken, merkte die Würzburger Delegation, als am nächsten Tag die Suhler Stadtverordnetensammlung zur Beschlussfassung einer Städtepartnerschaft zusammentrat. Der Vertreter der Freien Deutschen Jugend, der FDJ, wandte sich a–uch an den Würzburger Nachwuchs: „Gemeinsam müssen die Jugendlichen von Suhl und Würzburg überlegen, ob wir die Aktivitäten im Friedenskampf weiter verstärken, um die Welt bis zum Jahr 2000 von Atomwaffen zu befreien." So passte bei den jungen Deutschen Ost und West (noch) nichts zusammen.

Aus dem Hotel „Thüringen Tourist" waren wieder Extra-Leitungen in den Westen für die Westjournalisten geschaltet. Als ich für das Mittagsmagazin der Welle Mainfranken des BR berichten wollte, dauert es 45 Minuten, bis ich Siegfried Müller in der Sendung in Würzburg live aus der DDR erreichte. Kein Wunder, denn erst mussten die Aufzeichnungsgeräte der Staatssicherheit bereit sein. Der Wortlaut meines Liveberichtes findet sich komplett in der Akte „Antenne":

> ***Abt III***
> ***Suhl, den 22.9.88***
>
> ***Vertrauliche Dienstsache!***
>
> *Der Eberhard Schellenberger setzte sich mit dem „Sigi" vom Bayerischen Rundfunk in Verbindung. Der Sigi war der Sprecher des laufenden Rundfunkprogramms.*
>
> *Im Folgenden kündigte der Sigi den Bericht des Schellenbergers wie folgt an:*
> *„Vor zweieinhalb Stunden war es so weit. Im Rathaus der thüringischen Bezirksstadt Suhl wurde der Partnerschaftsvertrag zwischen*

Suhl und Würzburg unterzeichnet. Beobachter für uns und damit für Sie liebe Hörer ist mein Kollege Eberhard Schellenberger. Er hat sich soeben aus dem Pressezentrum gemeldet, und zwar über einen direkten Draht, der unter dem Kennwort ‚Partner' eingerichtet worden ist. Eberhard, stimmt das?"

Schellenberger setzt daraufhin folgenden Bericht an den BR ab: „Ja, das stimmt. Und es hat eine Dreiviertelstunde gedauert, bis diese Leitung zustande kam. Aber jetzt bin ich ja Gott sei Dank auf der Welle Mainfranken. Hallo liebe Hörer! Hier strahlender Sonnenschein in Suhl. Es war genau 3 Minuten nach 11 Uhr, als der Suhler OB Joachim Kunze und sein Würzburger Amtskollege Dr. Klaus Zeitler mit einem Schreibgerät der Marke ‚Markant' ihre Unterschriften unter einen Beschluß der Suhler Abgeordnetenversammlung setzten. Die hatten wenige Minuten vorher die Partnerschaft zwischen Suhl und Würzburg befürwortet. Es war der vorletzte Schritt. Mitte November wird der Würzburger Stadtrat über den gleichen Beschluß zu entscheiden haben. Dann ist der Vertrag rechtskräftig. Beobachtet wurde die Unterzeichnung auf dem Tisch mit den rosaroten Nelken nicht nur von Erich Honecker, der überdimensional von der Wand des Plenarsaals blickte, sondern auch von 30 Würzburger Bürgern, die heute Vormittag extra zur Unterzeichnung angereist waren. Sechs Parteisprecher der 150 Mitglieder zählenden Stadtverordneten äußersten sich zustimmend zum Vertrag. Der Sprecher der Freien Deutschen Jugend forderte die Suhler und Würzburger Jugend – ich zitiere – ‚zum Friedenskampf' auf.

Oberbürgermeister Zeitler bezeichnete die Würzburger Bürger, die die grauenvolle Nacht des 16. März 1945 erlebt haben, als die wahren Garanten des Friedens. In einer leidenschaftlich vorgetragenen Rede forderte Zeitler auf, deutsch-deutsche Gemeinsamkeiten nicht aufzugeben. Er zitierte den DDR-Kultusminister, der ein neues Denken in der DDR und der Sowjetunion begrüßt habe, das sich auch auf deutsch-deutsche Kontakte auswirken werde.

Begonnen hatte der Besuch der Würzburger mit einigen Aufregungen. Zunächst hatte der Würzburger Oberbürgermeister Zeitler seinen Reisepaß nicht gefunden, und zwar in Würzburg. Er war mit einem zweiten Paß dann eingereist, bei dem natürlich die Paßnummer nicht zum Antrag paßte. Die DDR-Behörden lösten das ebenso wie das Problem des FDP-Stadtrats Blüm mit seinem überraschenden Entschluß, doch nicht den städtischen Dienstwagen zu benut-

zen, sondern den Privat-Jaguar mit Autotelefon einmal in die DDR auszufahren. Und dieses Autotelefon machte dann eine längere Wartezeit an der Grenze notwendig. Der Jaguar war und ist immer noch hier in Suhl heiß umlagert.

Für Aufsehen sorgte auch OB Zeitler, als er im Suhler Stadtzentrum Aufkleber mit dem Würzburger und dem Suhler Wappen verteilte.

Gestern Abend gab es dann als Leckerbissen einen Querschnitt durch die Suhler Musik, besonders begeisterte der Suhler Knabenchor. Ich werde Ihnen da morgen ein paar überraschende Kostproben mit nach drüben bringen. Mit Spannung wird heute Nachmittag das Bürgergespräch erwartet. 70 geladene Suhler Bürger wollen mit dem Würzburger OB und den Delegierten aus Würzburg diskutieren. Wenn im November dann der Vertrag perfekt ist, dann muß er beweisen, ob er das Hochglanzpapier wert ist, auf dem das Ganze steht. Los geht es mit einem sogenannten Friedensgespräch im kommenden Jahr, dann mit Jugendaustausch und einer Fotoausstellung in Suhl und Würzburg. Wenn man den Bürger hier auf der Straße in Suhl fragt, dann hat der nicht so viel Hoffnung, in naher Zukunft im Rahmen dieser Partnerschaft nach Würzburg zu kommen. Die Zahl der Besuchswilligen ist groß, auch unter DDR-Journalisten (diesen Satz hat die Stasi handschriftlich unterstrichen). So entscheidet sich bei ihnen demnächst, wer nach Würzburg darf, um die Stadt am Main für die Suhler Zeitung ‚Freies Wort' einmal ausführlich vorzustellen. Das war es aus unserer neuen Partnerstadt Suhl. Zurück nach Würzburg."

Der Sigi bat die Hörer um Entschuldigung für die schlechte Tonqualität, „aber offenbar ist die Leitung unter dem Kennwort Partner doch noch nicht so tragfähig, aber es wird vielleicht sich demnächst einiges ändern."

(An dieser Stelle wurde die Verbindung mit Würzburg unterbrochen)

12.45 Uhr
F.d.R.
S., Hauptmann

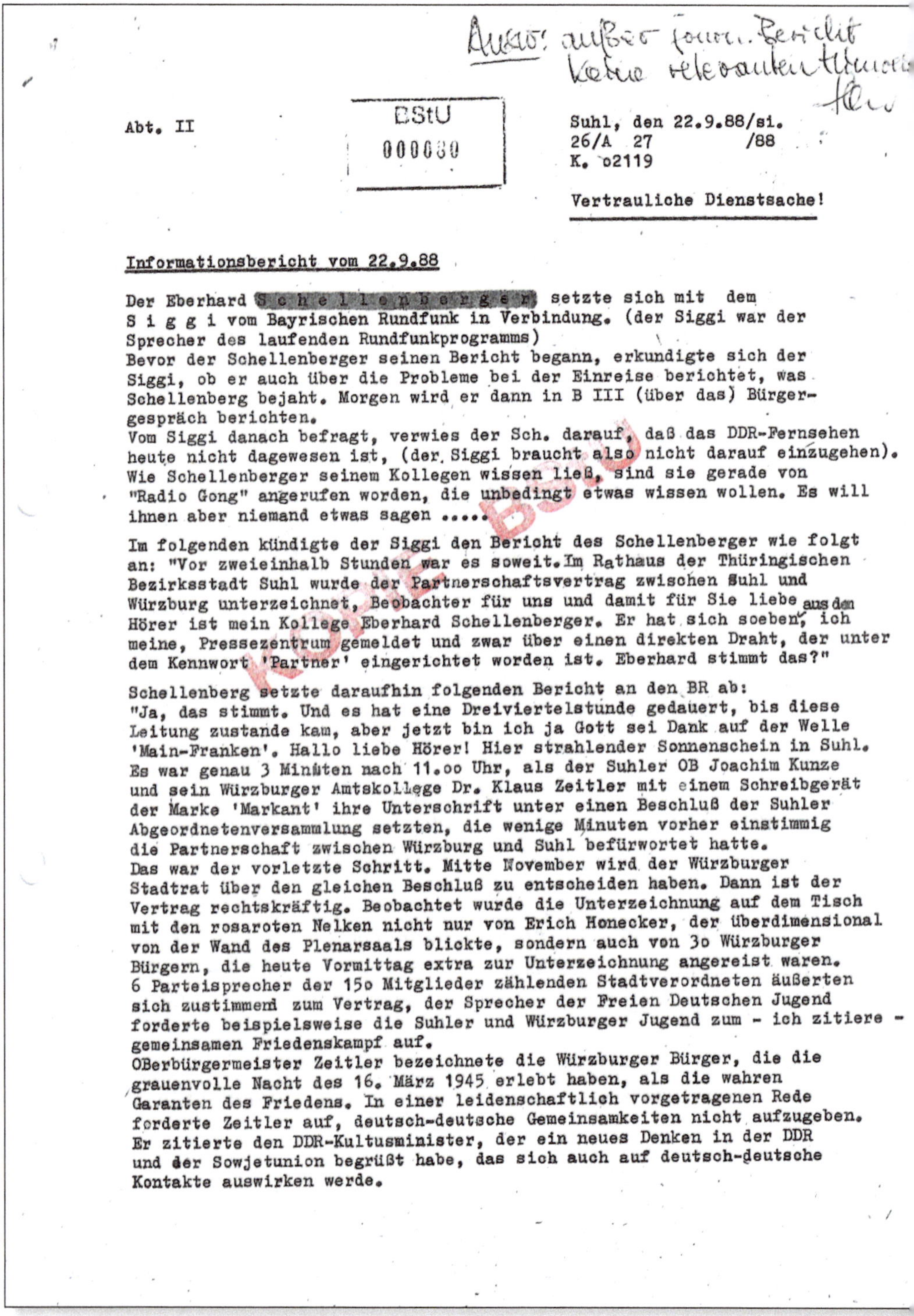

Abt. II

Suhl, den 22.9.88/si.
26/A 27 /88
K. o2119

Vertrauliche Dienstsache!

Informationsbericht vom 22.9.88

Der Eberhard S c h e l l e n b e r g e r setzte sich mit dem S i g g i vom Bayrischen Rundfunk in Verbindung. (der Siggi war der Sprecher des laufenden Rundfunkprogramms)
Bevor der Schellenberger seinen Bericht begann, erkundigte sich der Siggi, ob er auch über die Probleme bei der Einreise berichtet, was Schellenberg bejaht. Morgen wird er dann in B III (über das) Bürgergespräch berichten.
Vom Siggi danach befragt, verwies der Sch. darauf, daß das DDR-Fernsehen heute nicht dagewesen ist, (der Siggi braucht also nicht darauf einzugehen). Wie Schellenberger seinem Kollegen wissen ließ, sind sie gerade von "Radio Gong" angerufen worden, die unbedingt etwas wissen wollen. Es will ihnen aber niemand etwas sagen .....

Im folgenden kündigte der Siggi den Bericht des Schellenberger wie folgt an: "Vor zweieinhalb Stunden war es soweit. Im Rathaus der Thüringischen Bezirksstadt Suhl wurde der Partnerschaftsvertrag zwischen Suhl und Würzburg unterzeichnet, Beobachter für uns und damit für Sie liebe aus den Hörer ist mein Kollege Eberhard Schellenberger. Er hat sich soeben, ich meine, Pressezentrum gemeldet und zwar über einen direkten Draht, der unter dem Kennwort 'Partner' eingerichtet worden ist. Eberhard stimmt das?"

Schellenberg setzte daraufhin folgenden Bericht an den BR ab:
"Ja, das stimmt. Und es hat eine Dreiviertelstunde gedauert, bis diese Leitung zustande kam, aber jetzt bin ich ja Gott sei Dank auf der Welle 'Main-Franken'. Hallo liebe Hörer! Hier strahlender Sonnenschein in Suhl. Es war genau 3 Minuten nach 11.oo Uhr, als der Suhler OB Joachim Kunze und sein Würzburger Amtskollege Dr. Klaus Zeitler mit einem Schreibgerät der Marke 'Markant' ihre Unterschrift unter einen Beschluß der Suhler Abgeordnetenversammlung setzten, die wenige Minuten vorher einstimmig die Partnerschaft zwischen Würzburg und Suhl befürwortet hatte.
Das war der vorletzte Schritt. Mitte November wird der Würzburger Stadtrat über den gleichen Beschluß zu entscheiden haben. Dann ist der Vertrag rechtskräftig. Beobachtet wurde die Unterzeichnung auf dem Tisch mit den rosaroten Nelken nicht nur von Erich Honecker, der überdimensional von der Wand des Plenarsaals blickte, sondern auch von 3o Würzburger Bürgern, die heute Vormittag extra zur Unterzeichnung angereist waren.
6 Parteisprecher der 15o Mitglieder zählenden Stadtverordneten äußerten sich zustimmend zum Vertrag, der Sprecher der Freien Deutschen Jugend forderte beispielsweise die Suhler und Würzburger Jugend zum - ich zitiere - gemeinsamen Friedenskampf auf.
OBerbürgermeister Zeitler bezeichnete die Würzburger Bürger, die die grauenvolle Nacht des 16. März 1945 erlebt haben, als die wahren Garanten des Friedens. In einer leidenschaftlich vorgetragenen Rede forderte Zeitler auf, deutsch-deutsche Gemeinsamkeiten nicht aufzugeben. Er zitierte den DDR-Kultusminister, der ein neues Denken in der DDR und der Sowjetunion begrüßt habe, das sich auch auf deutsch-deutsche Kontakte auswirken werde.

Abb. f.1 Originalausschnitt Akte: abgehörter Telefonbericht

- 2 -

Begonnen hatte der Besuch der Würzburger gestern mit einigen Aufregungen. Zunächst hatte der Oberbürgermeister Zeitler seinen Reisepaß nicht gefunden, und zwar in Würzburg. Er war mit einem zweiten Paß dann eingereist, bei dem natürlich die Paßnummer nicht zum Antrag paßte. Die DDR-Behörden lösten das ebenso wie das Problem des FDP-Stadtrats B l ü m mit seinem überraschenden Entschluß, doch nicht den städtischen Dienstwagen zu benutzen, sondern den Privat-Jaguar mit Autotelefon einmal in die DDR auszufahren. Und dieses Autotelefon machte dann eine längere Wartezeit an der Grenze notwendig. Dieser Jaguar war übrigens und ist immer noch hier in Suhl heiß umlagert. Für Aufsehen sorgte auch OB Zeitler, als er im Suhler Stadtzentrum Aufkleber mit dem Würzburger und Suhler Wappen verteilte. Gestern Abend gab es dann als Leckerbissen einen Querschnitt durch die Suhler Musik, besonders begeisterte der Suhler Knabenchor. Ich werde Ihnen da morgen ein paar überraschende Kurzproben mit nach drüben bringen. Mit Spannung wird heute Nachmittag das Bürgergespräch erwartet, 7o geladene Suhler Bürger wollen mit dem Würzburger OB und den Delegierten aus Würzburg diskutieren. Wenn im November dann der Vertrag perfekt ist,dann muß er beweisen, ob er das Hochglanzpapier wert ist, auf dem das Ganze steht. Los geht es mit einem sogenannten Friedensgespräch im kommenden Jahr, dann mit Jugendaustausch und einer Fotoausstellung in Suhl und Würzburg. Wenn man den Bürger hier auf der Straße in Suhl fragt, dann hat der nicht so viel Hoffnung in die nahe Zukunft im Rahmen dieser Partnerschaft nach Würzburg zu kommen, die Zahl der Besuchwilligen ist groß, auch unter DDR-Journalisten. So entscheidet sich bei ihnen demnächst, wer nach Würzburg darf, um die Stadt am Main für die Suhler Zeitung FREIES WORT einmal ausführlich vorzustellen. Ich stelle unseren Besuch hier morgen ausführlich auf der Welle 'Main-Franken' vor, über dieses Bürgergespräch gibt es morgen früh schon was zu hören und zwar in'Bayern III- Morgentelegramm'. Das war's aus unserer neuen Partnerstadt Suhl. Zurück nach Würzburg ..."

Der Siggi bat die Hörer um Entschuldigung für die schlechte Tonqualität, "aber offenbar ist die Leitung unter dem Kennwort 'Partner' doch noch nicht so tragfähig, aber es wird vielleicht sich demnächst einiges ändern."

(An dieser Stelle wurde die Verbindung mit Würzburg unterbrochen)

12.45 Uhr

F.d.R.
[geschwärzt]
Hptm.

Abb. f.2 Originalausschnitt Akte: abgehörter Telefonbericht

Nach der Abreise der Würzburger Delegation aus Suhl gab es einen ausführlichen Abschlussbericht der Staatssicherheit:

> ***Bezirksverwaltung Suhl***
> ***Leiter***
>
> *In der Zeit vom 21.9.88 bis 22.9.88 hielt sich eine Delegation der Stadt Würzburg unter Leitung des Oberbürgermeisters anläßlich der Ratifizierung der Städtepartnerschaft Suhl – Würzburg in Suhl auf.*
>
> *Die Delegation mit sieben Personen wurde von acht Redakteuren und Mitarbeitern von Presse- und Funkmedien aus dem Raum Würzburg begleitet.*
>
> *Am 21.9.88 gegen 15 Uhr reiste die Delegation mit Pkw über die Güst Meiningen in Suhl an.*
>
> *In allen Pkw wurden Aufkleber in der Größe 7x10 cm mitgeführt, die die Städtepartnerschaft Suhl – Würzburg symbolisieren (weiß, graue Schrift „Städtepartnerschaft Suhl – Würzburg" mit beiden Wappen).*
>
> *Auf dem Weg vom Hotel „Thüringen Tourist" zu dem zur Fahrt in die Aue II in der Wilhelm-Pieck-Straße bereitgestellten Bus wurden vom Oberbürgermeister Dr. Klaus Zeitler oben genannte Aufkleber zur Städtepartnerschaft an 8 bis 10 Personen verteilt. Er stellte sich als Oberbürgermeister von Würzburg vor, der sich aus Anlaß der Vertragsunterzeichnung in Suhl aufhalte. Die Aufkleber wurden von den Bürgern ohne Reaktion entgegengenommen. Anfragen oder zu beachtende Reaktionen gab es nicht.*
>
> *Während der Besichtigung des Wohnhauses für ältere Bürger kam es zu keinen Vorkommnissen.*
>
> *Beim Eintreffen der Delegation am Jugendklub „Wilhelm Pieck" hielt sich vor dem Jugendclub eine Gruppe Jugendlicher/Jungerwachsener auf, die Karten für die Abendveranstaltung im Jugendklub erwerben wollten. Der Oberbürgermeister der Stadt Würzburg nahm Kontakt zu diesen Jugendlichen auf. Er sprach ihnen gegenüber eine Einladung zum Besuch von Würzburg aus, worauf von einer Jugendlichen geantwortet wurde, „da fahren Andere".*
>
> *Insgesamt reagierten die Jugendlichen zurückhaltend. Während der Besichtigung des Jugendklubs hinterließen die Gestaltung des Klubs und die Ausführungen zum Klubleben Eindruck bei den Dele-*

gationsmitgliedern. Im Gespräch wurden dann gezielte Fragen an die DDR-Partner gestellt, die zum Inhalt hatten:

- *Gibt es unter der DDR-Jugend Opposition und wie wird man damit fertig?*
- *Werden kirchliche Gruppen von Jugendlichen in die Klubarbeit einbezogen? Wie erfolgt das?*

Die Fragen wurden damit begründet, daß man Kenntnis von „Erscheinungen in Berlin" habe.

Die Reaktionen der DDR-Gesprächspartner erfolgten stockend, unkonkret und wirkten unbeholfen. Daraufhin wurde von den Delegationsmitgliedern zum Ausdruck gebracht, daß zum Beispiel Demonstrationen aus ihrer Sicht normal seien und zur Demokratie gehören. Das Konzert des Suhler Knabenchors hinterließ bei den Delegationsmitgliedern Eindruck und wurde mit lebhaftem Beifall honoriert. Meinungsäußerungen, die Überraschung über die hohe Qualität zum Inhalt hatten, waren bestimmend. In diesem Zusammenhang wurde die Absicht geäußert, diesen Chor nach Würzburg einzuladen.

Der Gesamteindruck wurde durch die mangelhafte Teilnahme der geladenen DDR-Gäste geschmälert.

Am Abend wurde das „Lauterer Wirtshaus" besucht. Breiten Raum nahmen in den Gesprächen Probleme der Ökonomie und der Volkswirtschaft der DDR ein. In den Äußerungen der Delegationsmitglieder wurde zum Ausdruck gebracht, daß die Wirkungslosigkeit der Planwirtschaft anhand der Lage in anderen sozialistischen Ländern und Versorgungslücken in der DDR sichtbar werde. Dazu wurde festgestellt, daß es erforderlich sei, die Planwirtschaft zu revidieren.

Weitere Fragen richteten sich in diesem Zusammenhang auf die Probleme der Erwirtschaftung von Gewinn und die Stimulierung von Leistungen.

Das Mitglied der Würzburger Delegation Siegler, Hannelore, brachte zum Ausdruck, daß kaum eine echte Partnerschaft zustande komme, wenn auf Anfragen und Versuche, direkte Kontakte herzustellen, nicht eingegangen werde.

Am 22.9.1988 erfolgte im Rathaus der Bezirksstadt die Ratifizierung der Städtepartnerschaft Suhl – Würzburg.

An diesem feierlichen Akt nahm auch eine DKP-Delegation unter Leitung des Kober, Michael (DKP Kreissekretariat Würzburg) mit 10 Mitgliedern teil, die auf Einladung der Bezirksleitung Suhl der SED vom 21.9. bis 25.9.88 in Suhl weilten.

Vor Beginn der Ratifizierungsveranstaltung begrüßten sich die SPD- und DKP-Delegation herzlich. Auch der stellvertretende CSU-Fraktionsvorsitzende im Stadtrat Würzburg äußerte, daß es gut wäre, die Mitglieder der DKP-Würzburg bei einer derartigen Veranstaltung kennenzulernen.

Im Mittelpunkt der Pressekonferenz standen Fragen danach, wie die Städtepartnerschaft nach der Ratifizierung weiter gestaltet werden soll. Der Oberbürgermeister von Würzburg, Dr. Zeitler ging davon aus, daß Frieden nicht nur ohne Waffen, sondern auch im Bereich der Natur, im Umweltschutz erreicht werden müsse.

Auf die Frage, welche Probleme die Stadt Würzburg gegenwärtig am meisten beschäftigten, äußerte Zeitler, diese sei die Aufnahme von Deutschen aus dem östlichen Lebensbereich, die sich zum Deutschtum bekennen. Zu dieser Frage befinde sich die SPD in Übereinstimmung mit der CDU/CSU.

Mit Fragen der Arbeitslosigkeit unter der Jugend habe man keine größeren Probleme. In Würzburg bestehe besonders Überschuß an Personen in akademischen Berufen und Lehrern. Wichtige Probleme seien für die Stadt weiter der Bau von Straßenbahnlinien und die Vorbereitung der Gartenbauausstellung 1990.

Auf die Frage, welchen Standpunkt die Würzburger Bürger zur kernwaffenfreien Zone vertreten und ob sie über den Inhalt der Abrüstungsvorschläge informiert sind, stellte Zeitler dar, daß auf diesem Gebiet sicherlich hohes Interesse bestehe. Wer nicht nur die Bildzeitung lese, sei auch über die Grundrichtungen der Abrüstungsvorschläge informiert.

Nach der Besichtigung eine Kinderkrippe/-gartenkombination in Suhl-Nord wurden die Gäste aus Würzburg herzlich verabschiedet. Die BRD-Korrespondenten akzeptierten das offizielle Besuchsprogramm der Würzburger Delegation und nahmen im Wesentlichen daran teil. Es wurden keine Abweichungen vom offiziellen Programm festgestellt und es traten keine Provokationen auf.

L., Generalmajor

BR-Radiobericht schreckt Stasi auf

Im November 1988 folgte der Gegenbesuch aus Suhl zur Unterzeichnung der Partnerschaft in Würzburg. Eine Berichterstattung des BR im unterfränkischen Regionalprogramm sorgte im Vorfeld in Suhl für große Aufregung.

Im Mittagsmagazin meldete sich eine Frau aus dem unterfränkischen Mellrichstadt. Sie will zum sogenannten Bürgergespräch mit dem Suhler Oberbürgermeister nach Würzburg kommen. Im Gegensatz zum „Bürgergespräch" in Suhl kann in Würzburg kommen, wer möchte. In der DDR war es sorgfältig ausgewähltes Publikum. Die Frau kündigte im Radio an, dass sie sich für Suhler Bürger einsetzen will, die Ausreiseanträge gestellt haben. Sie nannte auch ausdrücklich die Namen, das sei mit ihnen abgesprochen. Dieses gefährliche Unterfangen wird später mit einer schnelleren Ausreise der Antragsteller auch Erfolg haben, aber das ahnt jetzt noch niemand. Jetzt wird es in der Suhler Stasizentrale hektisch:

> ***Kreisdienststelle Suhl, Leiter***
> ***Suhl, 16. November 1988***
>
> ***Streng vertraulich!***
> ***Um Rückgabe wird gebeten***
>
> ***Kreisleitung der SED***
> ***1. Sekretär persönlich***
> ***Suhl***
>
> ***Information***
>
> *über Versuche von BRD-Personen, den Aufenthalt der Delegation des Rates der Stadt Suhl in Würzburg zur Durchsetzung von Übersiedlungsversuchen der Bezirksstadt zu mißbrauchen.*
>
> *Die in der Information 105/88 vom 10.11.1988 dargestellten Aktivitäten von Übersiedlungsersuchenden der Bezirksstadt, Bürger der DDR zu veranlassen, das am 15.11.1988 anläßlich der Ratifizierung der Partnerschaft Suhl – Würzburg stattfindende Bürgergespräch zu mißbrauchen, um dadurch eine Übersiedlung in die BRD zu ermöglichen, haben sich bestätigt.*
>
> *Innerhalb einer durch ein Regionalprogramm des Bayerischen Rundfunks am 15.11.1988 ausgestrahlten Reportage des Journalisten*

Schellenberger über den bisherigen Verlauf des Aufenthaltes der Delegation des Rates der Stadt Suhl in Würzburg, führte dieser ein Telefoninterview mit einer gewissen W. aus Mellrichstadt. Die W. äußerte die Absicht, am Bürgergespräch teilzunehmen und den Oberbürgermeister von Suhl, Genosse Kunze, mit vier „Übersiedlungsfällen" aus Suhl zu konfrontieren.

Sie brachte weiterhin zum Ausdruck, aufgrund der Erfahrungen der im September 1988 kurzfristig realisierten Übersiedlung der Familie L. darin die einzige Möglichkeit zu sehen, die Übersiedlung der Suhler Familien zu erreichen.

Ihr Auftreten im Bürgergespräch wolle sie von den Ausführungen des Genossen Kunze abhängig machen.

Zu den Suhler Familien wurden durch die W. falsche Angaben gemacht mit dem Ziel, die DDR zu diskreditieren. So hätten alle im Zusammenhang mit ihren Übersiedlungsersuchen die Arbeit verloren und die Kinder wären isoliert.

Sowohl durch die W. als auch den Schellenberger wurden die Namen der Suhler Personen nicht genannt.

Die W. übergab in Vorbereitung der Sendung des Schellenberger eine Liste mit den Namen der betreffenden Übersiedlungsersuchenden. Nach den vorliegenden Erkenntnissen handelt es sich bei den Übersiedlungsersuchenden um die Familien:

L.
G.
P.
F.

Die W. unterhält gemeinsam mit ihrem Ehemann seit ca. zwei Jahren persönliche Kontakte mit Ehepaar L. Diese lernten sie bei einem touristischen Aufenthalt in Suhl kennen. In der Folgezeit wurde dieser Kontakt durch weitere Einreisen zum Ehepaar L. gefestigt.

Durch die Verherrlichung der Lebensverhältnisse in der BRD erfolgte bisher durch das Ehepaar W. eine feindlich-negative Beeinflussung im Sinne der politisch-ideologischen Diversion, die zur Verfestigung der Übersiedlungsabsichten führte.

Genosse Kunze wurde durch mich am 8.11.1988 auf mögliche Konfrontationen mit der Übersiedlungsproblematik vorbereitet.

Die Unterzeichnung der Partnerschaftsurkunden zwischen Suhl und Würzburg fand im Würzburger Rathaussaal statt. Alles lief wie geplant, freundschaftlich und gemäß Protokoll. Ganz so wie es sich auch die DDR-Delegation wünschte. Nach dem Abendessen ging es zum Bürgergespräch ins Felix-Fechenbach-Haus. Mit meinem BR-Mikrofon stand ich direkt neben den Akteuren Ost und West, und es wird im BR-Programm ausführlich dokumentiert. Zu hören in beiden Partnerstädten.

Auch die Staatssicherheit dokumentiert das Geschehen anhand des gesendeten Beitrags im BR ausführlich für die Akte „Antenne“:

Bezirksverwaltung Suhl-Leiter
21.11.88

Das Bürgergespräch mit dem Oberbürgermeister von Suhl, Genossen Kunze, in Würzburg.

Anläßlich der Ratifizierung der Städtepartnerschaft Suhl – Würzburg fand am 15.11.1988 in Würzburg ein Bürgergespräch statt. In der Diskussionsrunde wurde der Genosse Kunze durch provokatorische Fragen des ehemaligen DDR-Bürgers D. und des BRD-Bürgers W. konfrontiert.

D. bezog sich auf Äußerungen des Genossen Kunze in der vorangegangenen Stadtratssitzung und versuchte den Beweis anzutreten, daß es in Suhl Arbeitslose gebe. Er gab sich als Mitbegründer der „Kirche von unten“ aus und äußerte sich über seine Aufenthalte im „Zuchthaus“ und seine „Zwangsausbürgerung“ aus der DDR: D. ist gegenwärtig Mitarbeiter der Feindorganisation „Arbeitsgemeinschaft 13. August e.V.“ und fungiert als sogenannter Referent für die Betreuung ehemals in der DDR inhaftierter Personen. Außer der Mitgliedschaft in der „Arbeitsgemeinschaft 13. August e.V.“ unterhält D. Kontakte/Verbindungen zur „IGfM/AG“ Westberlin und besucht auch Veranstaltungen dieser Feindesorganisation.

Der BRD-Bürger W. konfrontierte den Genossen Kunze mit der „ausreisewilligen“ Familie L. aus Suhl. Weiter nannte er die Namen A.P., M.G. und K.G.

Er gab sich als Fürsprecher von „übersiedlungswilligen“ Suhler Familien aus.

Auch viele Suhlerinnen und Suhler schnitten mit. So hatten sie ihren Oberbürgermeister noch nie erlebt, und dazu noch in der „BRD“. Und auch die Staatssicherheit zeichnete auf und schrieb den Beitrag ab:

Am 17.11. 1988 gen 12.15 Uhr

wurde im Programm Bayern II. Welle Mainfranken.
Eine Reportage des Schellenberger, Eberhard
Redakteur des Bayerischen Rundfunks, Studio Würzburg
zum Bürgergespräch (Anlage) gesendet

L., Generalmajor

Niederschrift des Mitschnittes einer Rundfunkreportage:

Reporter: *Nach der Stärkung des Suhler Oberbürgermeisters mit einem kräftigen Schluck aus dem Riemenschneiderbecher und einem Abendessen mit Würzburger Bundes- und Landtagsabgeordneten ging es also zur Bürgerdiskussion, sinnigerweise in einem Stadtbus mit der Aufschrift „Zum Baden fahren". Der Suhler Oberbürgermeister wußte zu diesem Zeitpunkt bereits, daß sich im Publikum auch ehemalige Suhler befinden, die heute in der Bundesrepublik leben, und daß es auch um Ausreisewünsche von Suhler Familien gehen wird. Zunächst gings aber vertraut zu. Der Polizeichor von Würzburg sang das Rennsteiglied.*

Die Verantwortlichen der Stadt Würzburg haben sich zur Diskussion in drei Gruppen entschieden, so blieb den meisten im Saal verborgen, daß der Suhler Oberbürgermeister von Anfang an hart gefordert war. W. D., früher wohnte er in Suhl, heute in Westberlin, eröffnete die Diskussion:

W.D.: *„Sie sprachen heute Nachmittag in der Stadtratssitzung davon, daß es in Suhl keine Arbeitslosen gibt. Ich persönlich war zwei Jahre in Suhl und kenne genug Leute, die unter Berufsverbot stehen. In Aue I, Aue II und auf dem Ziegenberg, ich kenne genug Leute, die keine Wohnung haben, die seit 1975 und 1976, die Namen habe ich auch dabei, nach Wohnung rennen."*

Genosse Kunze: *„Da Sie die Situation in Suhl genau kennen, habe ich die Gegenfrage, warum sind Sie nicht bei uns geblieben und haben die Probleme geändert?"*

W.D.: *„Ich wurde rausgeschmissen."*

Genosse Kunze: *„Wenn Sie rausgeschmissen wurden, dann sind Sie mit dem Gesetz in Konflikt gekommen."*

***W.D.:** „Ich bin Mitbegründer der „Kirche von unten“ und stand seit 1977 unter Berufsverbot, weil ich engagiert für meine Mitmenschen gelebt habe und hatte am 9. September 1987 mich wegen angeblich landesverräterischer Verbindungsaufnahme und Tätigkeit zwischen acht und zwölf Jahren Zuchthaus zu entscheiden oder augenblicklich bis 24 Uhr das Land zu verlassen.“*

***Genosse Kunze:** „Da haben Sie aber eine glückliche Lösung gefunden.“*

***W.D.:** „Ich war schon einmal im Zuchthaus 1977–79, sollte zwangsausgebürgert werden, bin in Hungerstreik gegangen, um das Land nicht zu verlassen. Und deswegen lebe ich auch engagiert hier weiter für die Probleme der Mitmenschen, mit denen ich aufgewachsen bin und die nach wie vor auch in der DDR bleiben wollen und die noch eine Chance sehen für positive Veränderungen im Interesse aller und zum Nutzen aller teilzuhaben.“*

***Genosse Kunze:** „Wenn Sie wählen konnten zwischen Zuchthaus und Auswanderung, möchte ich sagen, lösen Sie das Problem mit sich und ihrem Gewissen. Denn die Frage wird sicherlich von den Dienststellen entschieden, nicht vom Oberbürgermeister.“*

***Reporter:** „Wie bereits am Montag auf der Welle Mainfranken angekündigt, brachte die Familie W. aus Mellrichstadt das Anliegen Suhler Familien vor. 100 Personen aus Suhl wollen, so W.D., im Moment ausreisen. Und E.W. nannte ein Beispiel beim Namen.“*

***E.W.:** „Die Familie L.A., gelernter Drucker beim „Freien Wort“, nachdem er einen Ausreiseantrag gestellt hat, konnte er nicht mehr weiterarbeiten. Inwieweit stimmt das jetzt mit dem Satz: Jeder Bürger hat eine gesicherte Perspektive, wenn Sie doch bejahen, daß auch ausreisewillige Bürger in Ihrer Stadt sind?“*

***Genosse Kunze:** „Jeder Bürger hat das Recht auf Beschäftigung und kann also alle Möglichkeiten wahrnehmen. Wenn Sie in Ihrem Kollektiv, ich weiß nicht, wo Sie arbeiten, oder Herr Zeitler hat einen Mitarbeiter, der seinen Staat verlassen will, wird er ihn weiter beschäftigen, oder wird er ihn nicht weiter beschäftigen? Deswegen ist er nicht arbeitslos, sondern er wird eine andere Tätigkeit aufnehmen. Die Kollektive, wo dieser oder jener* *glaubt, in einer anderen Welt leben zu können, noch besser, die kämpfen mit ihm um die Treue zur Heimat, die kämpfen mit ihm um das, was er in seiner Familie hat, besitzt, also geben sich alle Mühe, um ihn von seinem Gedanken abzubringen. Und wenn er das nicht begreift und weiter fortsetzt, dann wird er sich an die entsprechenden Dienststellen wenden, das geht über den Rat der Stadt hinaus, und dort werden Entscheidungen getroffen. Hin und wieder möglich, manchmal auch nicht. Und ich würde sagen, die Städtepartnerschaft darf mit solchen Fragen nicht belastet werden. Auch die Familie, die Sie nennen, die haben sich gesagt, wir werden jetzt versuchen in Würzburg Fürsprecher zu bekommen. Sie haben schon längst die Entscheidung von uns, daß die Ausreise aus Familienproblemen oder aus begründeten sozialen Problemen nicht gerechtfertigt ist, also abgelehnt."*

***E.W.:** „Also, Herr Oberbürgermeister Kunze, erstens, ein ablehnender Bescheid ist nicht gegeben worden, obwohl die Antragsstellung schon drei Jahre, vier Jahre zurückliegt."*

***Genosse Kunze:** „Rufen Sie ihn bitte an, er wird den Bescheid haben."*

***E.W.:** „Auch wenn das jetzt innerhalb des Mäntelchens der Städtepartnerschaft nicht hineinpaßt, aber so wie unser Herr Dr. Zeitler sich um dieses oder jenes vielleicht in Würzburg kümmert, bitte ich Sie von ganzem Herzen, vielleicht sich zu kümmern: Kerstin G., Matthias G., Andreas L., Andreas P."*

***Genosse Kunze:** „Sind Sie bereit, mir ehrlich zu antworten, wie Sie zu diesen Namen gekommen sind?"*

***E.W.:** „Ja, ich bin ehrlich bereit, und zwar, wir fahren ab und zu mal rüber in die DDR, weil uns bestimmte Sachen reizen, landschaftlich, von den Häusern her und wie das so ist, man steht mal da an, wir standen in Suhl vor dem Bratwurststand an und ..."*

***Genosse Kunze:** „... und da kam jemand an und hat gesagt, Sie kenne ich aus Würzburg, und ich will sie mal was fragen – so was gibt's ja gar nicht."*

***E.W.:** „Nein, nein, das ist schon viel länger her, und wir haben erst nach einem halben Jahr erfahren, nachdem wir diese Fami-*

lie kannten, daß das Antragssteller sind. Und als sich das jetzt im Laufe der Zeit herauskristallisierte, daß eine Städtepartnerschaft geplant ist, da dachten wir, sollten wir vielleicht den Versuch unternehmen und das Anliegen vortragen.

Genosse Kunze: *„Und stimmen Sie mit mir überein, daß das große Wort noch gilt, daß geliebt wird der Verrat, aber nicht der Verräter."*

Reporter: *„Dem Suhler Oberbürgermeister stand der Schweiß auf der Stirn. Sein Würzburger Amtskollege Zeitler sprang immer wieder helfend dazwischen, aber die Würzburger Bürger schenkten dem Stadtoberhaupt ihrer Partnerstadt nichts. Höflich, aber bestimmt wurde gefragt:"*

BRD-Bürger: *„Eine ganz persönliche Frage. Haben Sie Verwandte in der Bundesrepublik Deutschland oder Ihre anderen Abgeordneten?"*

Genosse Kunze: *„Ich bin der Einzige, der kein Paket bekommt."*

BRD-Bürger: *„Empfinden Sie uns im tiefsten Inneren Ihres Herzens als Ausländer?"*

Genosse Kunze: *„Wenn Sie so direkt fragen – es ist Ausland, geschichtlich Tatsache, es ist Ausland. Wir haben souveräne zwei deutsche Staaten. Was soll ich zu dem anderen Staat sagen? Ich kann nicht sagen: Inland."*

BRD-Bürger: *„Sie sind heute mit Ihrer Delegation offizieller Gast der Stadt Würzburg. Wenn Sie heute privat die Bundesrepublik Deutschland besuchen, Sie haben zwar erst gesagt, Sie sind der Einzige, der kein Westpaket bekommt. Wir nehmen an, Sie haben Verwandte hier im Westen, Sie fahren rüber und dürfen sich Ihre 15 DM 1:1 offiziell umtauschen. Sie bleiben vielleicht 14 Tage hier und haben das Pech, daß Sie noch ein Stück mit dem Intercity fahren müssen. Sie müssen es von ihren 15 DM bezahlen, da bleiben Ihnen vielleicht noch 10 DM übrig. Es gibt ein Begrüßungsgeld 100 DM von der Stadt. Ich weiß nicht, ob Sie es annehmen würden. Wie wollen Sie mit diesen 15 DM, die Sie offiziell umtauschen konnten, noch über die Runden kommen? Andererseits, wenn wir in der DDR sind, wir zahlen schon für das Einreisevisum 15 DM und dann noch pro Tag 25 DM Pflichtum-*

tausch. Das ist die andere Seite. Jetzt frage ich Sie, wie sehen die Relationen aus, ist das gerechtfertigt, kann man so etwas heute noch aufrecht halten?"

Genosse Kunze: *„Ich muß ehrlich sagen, die Frage muß man an die Finanzminister stellen."*

Reporter: *„So schnell kommt man um eine klare Antwort herum. Die anderen Delegationsmitglieder wurden ebenso heftig bestürmt, wenn auch ein Delegationsmitglied am Schluß meinte, man hätte Schlimmeres erwartet. Für mich persönlich war der Dienstagabend ein Lehrstück in Sachen Demokratie. In Suhl waren es im September 70 ausgewählte Bürger, die Einlaßkarten wurden streng kontrolliert. Die meisten Bürger von Suhl wußten nicht einmal, daß in ihrer Stadt so ein Bürgergespräch mit dem Oberbürgermeister von Würzburg veranstaltet wurde."*

Dieser „Vorfall" hatte auch eine Meldung an die Spionageabwehr der DDR in Ostberlin zur Folge:

Bezirksverwaltung für Staatssicherheit Abteilung II
Suhl, 19. Dezember 1988

Ministerium für Staatssicherheit
HA II/13
Berlin

Information zum BRD-Reisekorrespondenten
SCHELLENBERGER, Eberhard

Am 17.11.1988 gegen 12.15 Uhr wurde im Programm Bayern II, Welle Mainfranken, eine Sendung des von Ihrer Diensteinheit erfaßten Schellenberger, Eberhard, wohnhaft in Würzburg ausgestrahlt.

In dieser Sendung berichtete der Sch. über das „Bürgergespräch" zwischen Bürgern der Stadt Würzburg und der Delegation der Stadt Suhl unter Leitung des Oberbürgermeisters, das aus Anlaß der Ratifizierung der Städtepartnerschaft Suhl – BRD ansprechen wolle.

Zu Beginn seiner Reportage verwies SCHELLENBERGER in hämischer Weise darauf, daß der Bus mit dem OB von Suhl zur Bürgerdiskussion gefahren sei, die Werbeaufschrift „Zum Baden gehen" getragen habe, wobei der Bezug zum umgangssprachlichen „Badengehen" hergestellt wurde.

Der Oberbürgermeister wurde in eine Diskussion mit einem ehemaligen DDR-Bürger von Suhl verwickelt, der den Beweis zu führen versuchte, daß es in Suhl Arbeitslose gäbe.

Wie bereits angekündigt, trat ein BRD-Bürger als Fürsprecher von Familien und Personen aus Suhl in Erscheinung, die einen Antrag auf ständige Ausreise gestellt haben und konfrontierte den Suhler Oberbürgermeister mit deren Namen, die er angeblich bei seinen Aufenthalten in der DDR kennengelernt hat.

Dieser Teil des „Bürgergesprächs" wurde durch Sch. in seiner Sendung ausführlich wiedergeben. Es kann davon ausgegangen werden, daß Sch. Initiator der Diskussion zum Thema ständige Ausreise war.

Während seiner Reportage verwies Sch. darauf, daß dem Suhler OB der Schweiß auf der Stirn gestanden habe, sein Würzburger Amtskollege sei immer wieder helfend dazwischen gesprungen, aber die Würzburger Bürger hätten dem Stadtoberhaupt ihrer Partnerstadt nichts geschenkt.

Zum Abschluß wurde durch Sch. darauf aufmerksam gemacht, daß der Aufenthalt des Oberbürgermeisters von Suhl zu dieser Gesprächsrunde für den Oberbürgermeister ein „Lehrstück in Sachen Demokratie" gewesen sei. In Suhl seien im September anläßlich der dort stattgefundenen Ratifizierung 70 ausgewählte Bürger, deren Einlaßkarten man äußerst streng kontrolliert hätte, zu einer derartigen Diskussion mit dem OB von Würzburg erschienen. Die meisten Suhler Bürger hätten nicht einmal gewußt, daß in ihrer Stadt ein solches Bürgergespräch mit dem OB von Würzburg veranstaltet wurde.

Insgesamt trat SCHELLENBERGER in seiner Berichterstattung und Kommentierung äußerst negativ in Erscheinung.

Leiter der Abteilung
L., Oberstleutnant

Bezirksverwaltung für
Staatssicherheit
Abteilung II

Suhl, 19. Dez. 1988
ze-le/3/Tel. 2815
2459 /88

Ministerium für
Staatssicherheit
HA II/13

Abl. III/A

B e r l i n

Information zum BRD-Reisekorrespondenten SCHELLENBERGER, Eberhard

Am 17. 11. 1988 gegen 12.15 Uhr wurde im Programm Bayern II, Welle Mainfranken, eine Sendung des von Ihrer DE erfaßten

SCHELLENBERGER, Eberhard
24. 9. 1957 in Bamberg
wh. Würzburg, Koppenbergweg 16

ausgestrahlt.

In dieser Sendung berichtete der Sch. über das "Bürgergespräch" zwischen Bürgern der Stadt Würzburg und der Delegation der Stadt Suhl unter Leitung des Oberbürgermeisters, das aus Anlaß der Ratifizierung der Städtepartnerschaft Suhl-Würzburg stattfand. Bereits in vorangegangenen Sendungen hatte Sch. darauf aufmerksam gemacht, daß eine Familie aus der bRD im "Bürgergescpräch" Fragen zur ständigen Ausreise v on Suhler Bürgern in die BRD ansprechen wolle.

Zu Beginn seiner Reportage verwies SCHELLENBERGER in hämischer Weise darauf, daß der Bus, mit dem der OB von Suhl zur Bürgerdiskussion gefahren sei, die Werbeaufschrift "Zum Baden gehen" getragen habe, wobei der Bezug zum umgangssprachlichen "Badengehen" hergestellt wurde.

Der Oberbürgermeister wurde in eine Diskussion mit einem ehemaligen DDR-Bürger von Suhl verwickelt, der den Beweis zu führen suchte, daß es in Suhl Arbeitslose gäbe.
Wie bereits angekündigt, trat ein BRD-Bürger als Fürsprecher von Familien und Personen aus Suhl in Erscheinung, die einen Antrag auf ständige Ausreise gestellt haben und konfrontierte den Suhler Oberbürgermeister mit deren Namen, die er angeblich bei seinen Aufenthalten in der DDR kennengelernt hat.
Dieser Teil des "Bürgergespräches" wurde durch Sch. in seiner Sendung ausführlich widergegeben.

Abb. g.1 Originalausschnitt Akte:
Information zum BRD-Reisekorrespondenten Schellenberger, Eberhard

2

Es kann davon ausgegangen werden, daß Sch. Initiator der Diskussion zum Thema ständige Ausreise war.

Während seiner Reportage verwies Sch. darauf, daß dem Suhler OB der Schweiß auf der Stirn gestanden habe, sein Würzburger Amtskollege sei immer wieder helfend dazwischen gesprungen, aber die Würzburger Bürger hätten dem Stadtoberhaupt ihrer Partnerstadt nichts geschenkt.

Zum Abschluß wurde durch Sch. darauf aufmerksam gemacht, daß der Aufenthalt des Oberbürgermeisters von Suhl zu dieser Gesprächsrunde für den Oberbürgermeister ein "Lehrstück in Fragen Demokratie" gewesen sei. In Suhl seien im September anläßlich der dort stattgefundenen Ratifizierung 70 ausgewählte Bürger, deren Einlaßkarten man äußerst streng kontrolliert hätte, zu einer derartigen Diskussion mit dem OB von Würzburg erschienen. Die meisten Suhler Bürger hätten nicht einmal gewußt, daß in ihrer Stadt ein solches Bürgergespräch mit dem OB von Würzburg veranstaltet wurde.

Insgesamt trat SCHELLENBERGER in seiner Berichterstattung und Kommentierung äußerst negativ in Erscheinung.

Leiter der Abteilung

Oberstleutnant

Abb. g.2 Originalausschnitt Akte:
Information zum BRD-Reisekorrespondenten Schellenberger, Eberhard

DDR-Pfarrer in Würzburg – die Stasi schneidet mit

Im Januar besuchte der evangelische Pfarrer Koch aus Suhl die Partnerstadt Würzburg. Von DDR-Seite gab es eine Reiseerlaubnis „ins nichtsozialistische Ausland“. Anlass des Besuchs war eine Ökumenische Woche, und Pfarrer Koch erklärte sich zu einem Interview bereit. In den Archiven des BR findet sich dieses Interview nicht mehr. Dass wir es aber trotzdem über dreißig Jahre später hier nachlesen können, ist der Staatssicherheit „zu verdanken“. Als es über die „Welle Mainfranken“ ausgestrahlt wird, lief auch in Suhl wieder die Mitschnittanlage der Stasi. Und die Abschrift ist auch in der Akte „Antenne“ zu finden:

Montag, 23.01.89
Welle Mainfranken: Interview Eberhard Schellenberger mit Pfarrer Koch aus Suhl:

Reporter: *„Kirchenparadies Bundesrepublik nennt sich die Ökumenische Woche, die vom 19. bis 29.1. hier in Würzburg stattfindet, und zwar gemeinsam veranstaltet vom Rudolf-Alexander-Schröder-Haus und vom Matthias-Ehrenfried-Haus. Und heute Abend um 20 Uhr gibt es im Matthias-Ehrenfried-Haus eine Veranstaltung, bei der Superintendent Helmut Koch aus der Würzburger Partnerstadt Suhl sprechen wird. Wie sehen Sie sich innerhalb dieser Ökumenischen Woche angesiedelt?“*

Koch: *„Ich sehe mich in der Ökumenischen Woche eigentlich doppelt angesiedelt. Einmal, daß ich auch über das Verhältnis zwischen den evangelischen und katholischen Gemeinden in Suhl etwas erzählen kann, und zum anderen, daß ich versuche deutlich zu machen, wie das Verhältnis zwischen Kirche und Staat in unserer DDR ist.“*

Reporter: *„Wie ist denn nun das Verhältnis – bei uns immer nur schlagzeilenträchtig, wenn sich Ausreisewillige unter den Schutz der evangelischen Kirche flüchten, aber das kann ja wohl nicht Alles sein. Wie würden Sie das denn charakterisieren?“*

Koch: *„Die Meldungen in Medien bei Ihnen sind nicht die ganze evangelische Kirche. Die evangelische Kirche, wie überall in der Welt, besteht zunächst einmal aus Gemeinden mit treuen Gemeindemitgliedern, die gewiß nicht so große Zahlen aufweisen können wie bei Ihnen, die aber sich Sonntag für Sonntag treu* *um das Wort Gottes versammeln und ihre Gottesdienste halten oder ihre Abende und Gemeindeveranstaltungen. Also kurz gesagt – es läuft ein normales Gemeindeleben wie in jedem Staat, wie in jedem Land, ohne diese Sensationsmeldungen, die aber dann gelegentlich für Schlagzeilen sorgen. Und das Verhältnis zwischen Kirche und Staat ist eigentlich durch ein Gespräch, auf das immer wieder der Staat hinweist und auf das auch immer wieder die Kirche hinweist, vom 6. März 1978 mehr oder weniger geregelt, wir sind alle Menschen, und daher mehr oder weniger. Das heißt, man versucht miteinander beim Wahren der Eigenständigkeit auszukommen. Auf der einen Seite ist bei uns Kirche und Staat strikt getrennt. Das sehen Sie darin, daß die Partnerschaft zwischen Suhl und Würzburg eine rein staatliche und kommunale Angelegenheit war, daß wir aber jetzt das Miteinander der Christen suchen, aber eben für uns eigenständig und selbständig und persönlich miteinander."*

Reporter: *„Neben diesem Grundsätzlichen – wie denn konkret ist jetzt in Suhl das Verhältnis zwischen Kirche und Staat?"*

Koch: *„Ich bin 15 Jahre in Suhl Superintendent, das heißt, der Kirchenkreis Suhl umfaßt den Stadt- und Landkreis Suhl, und habe in dieser Eigenschaft viel mit staatlichen Vertretern zu tun. Denn trotz der Tatsache, daß bei uns Staat und Kirche getrennt sind, gibt es natürlich viele Ebenen der Zusammenarbeit. Das geht bei rein technischen Dingen, bei Bauvorhaben los, das geht über Veranstaltungen, das geht über andere Fragen. Es gibt also eine Fülle von Berührungsmöglichkeiten, und ich muß sagen, in 15 Jahren habe ich es eigentlich erlebt, nicht daß alle meine Wünsche erfüllt wurden. Aber ich habe es immer wieder erlebt, daß man sich bemüht hat, uns so weit entgegenzukommen und einen gemeinsamen Weg zu finden. Erfreulicherweise z.B. ist die Tatsache, daß wir in einem Neubaugebiet in Suhl jetzt ein Gemeindezentrum bauen können, wozu auch Mittel aus der Bundesrepublik kommen werden."*

Reporter: *„Nun wissen wir ja schon sehr viel über Suhl durch die Städtepartnerschaft, aber über die Kirchen haben wir eigentlich noch nie etwas erfahren. Vielleicht können Sie uns mal ein bisschen erzählen. Ist es so ein kleines Häuflein nur, oder wie darf man sich das zahlenmäßig vorstellen?"*

***Koch:** „Ja, Sie dürfen es sich nicht so vorstellen wie Ihre Verhältnisse hier, da es eigentlich selbstverständlich ist, daß man zu einer Kirche, und sei es nun evangelisch oder katholisch, gehört. Die Zahlen sind viel geringer. Sie nehmen gelegentlich ab, aber es kommen auch wieder Jugendliche hinzu, und es schmerzt uns schon manchmal, wenn wir sehen, wie leer oder wie wenig Besucher am Sonntag in einem Gottesdienst sind. Aber, das sagte ich ja schon vorhin am Anfang, es sind treue Gemeinden, die sich gebildet haben, und es sind gerade auch unter der Jugend immer wieder junge Menschen, die bereit sind, sich der Kirche zu öffnen. Ich habe z.B. eine ganze Reihe jüngerer Erwachsener, die teilweise nicht getauft sind, die teilweise aus atheistischen Elternhäusern kommen, die jetzt auf irgendeine Art und Weise in das Fragen nach Gott gekommen sind, und die sich jetzt taufen und nachkonfirmieren lassen wollen. Also wir können nicht mit großen Zahlen aufwarten, aber es wächst langsam, und auch die staatlichen Funktionäre haben eingesehen, daß ihre These, daß die Religion irgendwann in wenigen Jahren absterben würde, daß diese These nicht stimmt."*

***Reporter:** „Nun mag es für uns vielleicht ein Paradies Bundesrepublik sein für Kirchen, aber Sie müssen mehr darum kämpfen, aber diejenigen, die zu Ihnen kommen, auf die können Sie sich auch verlassen. Die gehen mit Ihnen durch Dick und Dünn?"*

***Koch:** „Auf sie können wir uns in den meisten Fällen verlassen, und eigentlich ist uns ja auch das Paradies erst jenseits versprochen, so daß wir eigentlich gar nicht damit rechnen, hier schon das Paradies zu haben."*

***Reporter:** „Sie haben die Städtepartnerschaft angesprochen. Wie glauben Sie denn, daß sich die Kirchen engagieren können?*

***Koch:** „Vor allen Dingen im persönlichen Bereich. Es würde uns eine große Freude sein, wenn wir mit den Christen evangelisch und katholisch hier in Würzburg Kontakt bekämen, daß wir uns gegenseitig über die Fragen des Glaubens miteinander austauschen können, so wie wir das verstehen, so wie wir es erleben. Wir versprechen uns davon auch eine Stärkung unseres kirchlichen Lebens in Suhl und Umgebung."*

Reporter: *„Ich darf es nochmal wiederholen: Sie sprechen also heute Abend um 20 Uhr im Matthias-Ehrenfried-Haus im Rahmen einer Ökumenischen Woche. Liegt die Frage nahe, wie sieht es denn mit der Ökumene bei Ihnen aus? Ich meine, die katholische Kirche hat ja unter den gleichen Umständen zu leben wie Sie. Ich könnte mir jetzt zunächst mal denken, da läuft es bestimmt mit der Ökumene besser. Wenn da zwei zusammenarbeiten, die die gleichen Sorgen und Nöte haben. Ist es auch so?"*

Koch: *„Es ist in vielen Dingen so. Zunächst einmal erleben die Christen, wenn sie – die katholischen und evangelischen Christen – wenn sie in ihren Betrieben sind, daß sie von den anderen Arbeitskollegen, die keine Christen sind, nicht unterschieden werden. Sondern da wird von den christlich Gebundenen oder von den Christlichen gesprochen. Und von daher ergibt sich natürlich in vielen Dingen ein anderer Kontakt. Wir haben gerade erst eine Sitzung der Pfarrgemeinderäte der katholischen Suhler Gemeinden und der Gemeindekirchenräte gehabt, wo wir das Programm für 1989 beschlossen haben. Natürlich ist auch die katholische Gemeinde eine Gemeinde in der katholischen Weltkirche. Und sie kann nur Dinge mit uns gemeinsam machen, die innerhalb der großen Weltkirche möglich sind. So daß also leider zu meinem Bedauern eine Abendmahlgemeinschaft bei uns auch nicht stattfinden kann und die ökumenischen Gottesdienste eben auch nur zu Abendzeiten oder jedenfalls nicht zu Zeiten des Gottesdienstes. Also Sie verstehen, es ist auf der einen Seite ein guter, herzlicher, persönlicher Kontakt, aber im Rahmen der Weltkirche."*

Reporter: *„Also das eint uns, die Probleme in Würzburg in Sachen Ökumene sind die gleichen wie die Ökumene-Probleme in Suhl."*

Koch: *„Eben ja, nicht wahr, das würde ich also insofern auch sagen. Vielleicht mit der Einschränkung, daß man eben auch persönlich viel enger miteinander doch noch zusammen ist."*

Nur zwei Tage später steht die nächste Delegationsreise nach Suhl an. Bevor die Würzburger abreisen, gibt es einen Vorbericht im Regionalprogramm. Es äußert sich im Vorfeld der Würzburger Oberbürgermeister Klaus Zeitler, und die Staatssicherheit in Suhl ist via UKW und dem starken Kreuzbergsender in der Rhön „live dabei“:

Tonbandabschrift

Interview/Reportage des Mitarbeiters des Bayerischen Rundfunks, Studio Würzburg, Schellenberger, Eberhard im Programm BR II, Welle Mainfranken, am 24.01.1989 um 12 Uhr im Zusammenhang mit den bevorstehenden „Friedensgesprächen“ in Suhl

(25./26.01.1988)

„... Beginn des Gesprächs dann morgen in Suhl um 14 Uhr. Im Gefolge des Oberbürgermeisters reisen Vertreter verschiedener Gruppen. In seiner Pressekonferenz heute Vormittag kommentierte Oberbürgermeister Dr. Klaus Zeitler die Namensliste mit der Feststellung: Die Grünen sind überrepräsentiert, weil auch der ehemalige Stadtrat der Grünen Ludger Beckmann auf der Reiseliste steht. Ob es eine „Fahrt ins Blaue“ wird, oder ob es ein Konzept gibt, sagte uns Oberbürgermeister Zeitler vor einer halben Stunde:

„... Ich sage ganz offen, ich weiß auch noch nicht genau, was auf uns zukommt. Wir haben eine Gruppe zusammengestellt von Damen und Herren aus der Wirtschaft, aus dem Gewerkschaftsbereich, aus der Politik, es fahren die paar Abgeordneten Löw und Eykmann mit und der Vorsitzende der FDP und verschiedene andere Damen und Herren, und es soll der Sinn sein, daß wir mit unseren Partnern aus Suhl über Friedensfragen sprechen.

Was da im Einzelnen herauskommt, weiß ich auch nicht, aber man wird den Standpunkt unterschiedlicher politischer Auffassungen aus der Bundesrepublik und der Stadt Würzburg, wie ich glaube, mannhaft bzw. damenhaft vertreten.

Wir werden dann hören, was die Partner sagen, so daß ich der Meinung bin, wir können nicht nur unseren Freunden in der DDR die Illusion lassen, sie seien für den Frieden, das ist bei uns in der Bundesrepublik genauso eine Zielvorstellung aller Politik. Kommunalpolitik hat nichts mit Außenpolitik zu tun. Wir gehen als Bürger dort hinüber und sagen unsere Meinung, nicht nur bei öffentlichen Verlautbarungen, wir sollen auch eingeladen werden zu Gesprächen mit Hausgemeinschaften und ähnlichen Gruppierungen. Ich denke, wir werden mit den Bürgern im Gespräch sein.“

Lückenlose Überwachung auf Schritt und Tritt

Für die Staatssicherheit war ich mittlerweile so interessant oder gefährlich, dass ich bei diesem Besuch einen Extrabewacher hatte, der um 8 Uhr vor dem Hotel „Thüringen Tourist“ Stellung bezog und bis kurz vor 10 Uhr warten musste, bis ich mit meinem Pkw in Suhl eintraf. Ab jetzt wurde jede Bewegung minütlich protokolliert und war sie auch noch so belanglos. Der Bericht ging wenige Tage nach unserer Abreise an die Abteilung II, „Spionageabwehr“.

Abteilung II, Leiter Persönlich
Suhl, 31.01.1989

Beobachtungsbericht
Betr. Schellenberger, Eberhard
Würzburg
Deckname: „Partnerschaft“

Am Mittwoch, 25.01.1989

08.00 Uhr *wurde die operative Beobachtung im Stadtgebiet von Suhl begonnen.*

09.55 Uhr *fuhr der PKW amtl. Kennzeichen WÜ-XX XXX, Farbe, Typ, aus Richtung W.-Pieck-Straße kommend vor den Haupteingang des Hotels, Schellenberger parkte den Pkw und betrat*

09.56 Uhr *das Hotel „Thüringen Tourist“, Ernst-Thälmann-Platz.*

09.58 Uhr *verließ Schellenberger das Hotel, ging zum PKW Golf und fuhr zu den reservierten Parkplätzen des Hotels, wo er den Pkw parkte.*

10.05 Uhr *ging Schellenberger zu Fuß durch den Steinweg zum Karl-Marx-Platz.*

10.10 Uhr *betrat er den Rat der Stadt Suhl Karl-Marx-Platz.*

10.14 Uhr *verließ er diesen wieder und ging durch den Steinweg vorbei am Kulturhaus 7. Oktober, über den Ernst-Thälmann-Platz bis zum Gebäude des „Freien Wortes“. Hier betrachtete er sich die Schaukästen am Haupteingang.*

10.22 Uhr *ging er die Wilhelm-Pieck-Straße zurück bis auf Höhe des Parkplatzes, weiter am Hotel „Thüringen Tourist“ vorbei zur Kreuzkirche. Hier sah er sich die Schaukästen an.*

BILD 31 **Der Stasimann verfolgte mich den Steinweg hinunter, als ich am Schaukasten stehen blieb, hielt er auch an und fiel dadurch auf.**

10.30 Uhr *ging Schellenberger zurück zum Haupteingang des Hotels „Thüringen Tourist“. Hier begrüßte er*

10.32 Uhr *eine weibliche Person (scheinbares Alter 40–45 Jahre, 165–170 cm groß). Beide Personen verweilten vor dem Eingang des Hotels bis zur Ankunft des Pressereferenten des Rates des Bezirkes, welchen sie*

10.47 Uhr *begrüßen.*

10.50 Uhr *betraten die 3 Personen das Hotel „Thüringen Tourist“.*

14.15 Uhr *verließ Schellenberger in Begleitung anderer Delegationsmitglieder das Hotel „Thüringen Tourist“ und ging zum Kulturhaus 7. Oktober, Ernst-Thälmann-Platz, das er*

14.17 Uhr *betrat.*

17.50 Uhr *verließ Schellenberger in Begleitung von 2 Delegationsmitgliedern das Kulturhaus und ging über den Ernst-Thälmann-Platz zum Gaststättenkomplex Kaluga. Hier betraten sie*

17.52 Uhr	das Restaurant „Patisserie Pizzeria“.
19.15 Uhr	verließ Schellenberger mit weiteren Delegationsmitgliedern das Restaurant und ging über den Ernst-Thälmann-Platz zum Haupteingang des Hotels „Thüringen Tourist“. Hier warteten bereits Mitglieder der Delegation.
19.32 Uhr	stieg Schellenberger und weitere Mitglieder der Delegation in den Bus 1000 des Rates der Stadt und fuhr vom Hotel ab.
22.25 Uhr	kam der Bus 1000 des Rates der Stadt am Hotel „Thüringen Tourist“ an. Schellenberger und weitere Mitglieder der Delegation stiegen aus und betraten
22.30 Uhr	das Hotel.
23.12 Uhr	betrat Schellenberger mit weiteren Delegationsmitgliedern die Nachtbar des Hotels „Thüringen Tourist“, nahm an einem Platz, an welchem bereits Delegationsmitglieder saßen, Platz. Hier unterhielten sie sich angeregt und nahmen alkoholische Getränke zu sich.

Am Donnerstag, 26.01.1989

verließ

02.15 Uhr	Schellenberger und weitere Delegationsmitglieder die Nachtbar und gingen an der Rezeption vorbei zum Bettenkomplex des Hotels. Zu diesem Zeitpunkt wurde die operative Beobachtung unterbrochen.
08.00 Uhr	wurde die operative Beobachtung am Hotel „Thüringen Tourist“ weitergeführt.
08.11 Uhr	betrat Schellenberger mit einem weiteren Mitglied der Delegation das Hotelrestaurant. Hier nahm er an einem Tisch, an dem Delegationsmitglieder saßen, Platz und frühstückte.
08.37 Uhr	verließ er das Hotelrestaurant und ging zurück in den Bettenkomplex.
08.58 Uhr	verließ Schellenberger das Hotel, ging zu seinem Pkw, verstaute eine Reisetasche im Kofferraum und ging zurück zum Hotel. Hier verweilte er mit weiteren Delegationsmitgliedern.

09.10 Uhr	*ging Schellenberger gemeinsam mit der Delegation durch die Straße des 7. Oktober zum Johannes R. Becher Klub, welchen er*
09.16 Uhr	*betrat.*
10.31 Uhr	*verließ er mit weiteren Delegationsmitgliedern den J.-R.-Becher-Klub und ging über die Straße des 7. Oktober und den Ernst-Thälmann-Platz zum Waffenmuseum, welches er*
10.42 Uhr	*betrat.*
11.52 Uhr	*verließ er das Waffenmuseum und ging mit einem Delegationsteilnehmer zu seinem Pkw, welcher auf dem Hotelparkplatz geparkt war. Beide Personen stiegen ein und Schellenberger fuhr zum Eingang des Hotels „Thüringen Tourist“. Hier stieg der Delegationsteilnehmer aus und betrat*
11.57 Uhr	*das Hotel. Kurz darauf verließ der Delegationsteilnehmer das Hotel wieder, stieg in den Pkw ein und Schellenberger fuhr*
12.00 Uhr	*vom Hotel ab. Schellenberger fuhr durch das Stadtgebiet weiter in Richtung Meiningen. Zu diesem Zeitpunkt wurde die Beobachtung beendet.*
12.52 Uhr	*erfolgte die Ausreise über die Güst Meiningen.*

Leiter der Abteilung
F., Oberstleutnant

Bei dieser Dauerbeobachtung war mein Stasischatten nicht vorsichtig genug. Als ich kurz nach 10 Uhr einen kleinen Spaziergang unternahm und dabei zweimal mir Schaukästen ansah, bemerkte ich meinen Verfolger. Als ich stehenblieb, blieb auch er stehen, als ich wieder loslief, ging auch er weiter mit etwas Abstand hinter mir her. Aber es war eben nicht unauffällig genug. Und so etwas hatte ich bisher nur in Filmen gesehen, fragte auch ganz naiv „Rudi Rund“, ob es sein kann, dass wir beobachtet werden. Das könne er sich nicht vorstellen, meinte er leicht verunsichert.

BStU
000094

MINISTERRAT
DER DEUTSCHEN DEMOKRATISCHEN REPUBLIK
Ministerium für Staatssicherheit

~~Hauptabteilung~~/Abteilung/Referat VIII

Bezirksverwaltung/~~Verwaltung~~ Suhl

Sachbearbeiter Major ■■■■■■■■

Telefon 2289

~~Hauptabteilung~~/Abteilung II, Leiter PERSÖNLICH Suhl, 31.01.1989

Bezirksverwaltung/~~Verwaltung~~ Suhl

Kreis-/Objektdienststelle
des Ministeriums für Staatssicherheit

Beobachtungsbericht

KOPIE BStU

Betr. Schellenberger, Eberhard 24.09.57

Wohnhaft 7800 Würzburg, Koppenbergweg 16

Decknamen "Partnerschaft" Reg.-Nr. des Auftragsersuchens
Sachverhalt 1

Für die Zeit vom 25.01.1989 bis 26.01.1989

Am Mittwoch, 25.01.1989

wurde
08.00 Uhr die operative Beobachtung im Stadtgebiet von Suhl begonnen.
09.55 Uhr fuhr der PKW

amtl. Kennzeichen: ■■■■■■■■

Typ: VW Golf
Farbe: rot

aus Richtung W.-Pieck-Straße kommend vor den Haupteingang des Hotels, Schellenberger parkte den PKW und betrat
09.56 Uhr das

Hotel "Thüringen Tourist"
Ernst-Thälmann-Platz.

Abb. h.1 Originalausschnitt Akte: Lückenlose Bewachung

BStU
000095

2

09.58 Uhr verließ Schellenberg das Hotel, ging zum PKW Golf und fuhr zu den reservierten Parkplätzen des Hotels, wo er den PKW parkte.
10.05 Uhr ging Schellenberger zu Fuß durch den Steinweg zum Karl-Marx-Platz.
10.10 Uhr betrat er den

Rat der Stadt Suhl
Karl-Marx-Platz.

10.14 Uhr verließ er diesen wieder und ging durch den Steinweg vorbei am Kulturhaus 7. Oktober, über den Ernst-Thälmann-Platz bis zum Gebäude des "Freien Wortes". Hier betrachtete er sich die Schaukästen am Haupteingang.
10.22 Uhr ging er in die Wilhelm-Pieck-Straße zurück bis auf Höhe des Parkplatzes, weiter am Hotel "Thüringen Tourist" vorbei zur Kreuzkirche. Hier sah er sich die Schaukästen an.
10.30 Uhr ging Schellenberger zurück zum Haupteingang des Hotels "Thüringen Tourist". Hier begrüßte er
10.32 Uhr eine weibliche Person (scheinbares Alter 40 - 45 Jahre, 165 - 170 cm groß).
Beide Personen verweilten vor dem Eingang des Hotels bis zur Ankunft des Pressereferenten des Rates des Bezirkes Jürgen Schumacher, welchen sie
10.47 Uhr begrüßten.
10.50 Uhr betraten die 3 Personen das Hotel "Thüringen Tourist".
14.15 Uhr verließ Schellenberger in Begleitung anderer Delegationsmitglieder das Hotel "Thüringen Tourist" und ging zum

Kulturhaus 7. Oktober
Ernst-Thälmann-Platz,

das er
14,17 Uhr betrat.
17.50 Uhr verließ Schellenberger in Begleitung von 2 Delegationsmitgliedern das Kulturhaus und ging über den Ernst-Thälmann-Platz zum Gaststättenkomplex Kaluga. Hier betraten sie
17.52 Uhr das Restaurant

"Pattiserie Pizzeria".

19.15 Uhr verließ Schellenberger mit weiteren Delegationsmitgliedern das Restaurant und ging über den Ernst-Thälmann-Platz zum Haupteingang des Hotels "Thüringen Tourist". Hier warteten bereits Mitglieder der Delegation.

Abb. h.2 Originalausschnitt Akte: Lückenlose Bewachung

3

19.32 Uhr stieg Schellenberger und weitere Mitglieder der Delegation in den B 1000 des Rates der Stadt ein und fuhr vom Hotel ab.
22.25 Uhr kam der B 1000 des Rates der Stadt am Hotel "Thüringen Tourist" an. Schellenberger und weitere Mitglieder der Delegation stiegen aus und betraten
22.30 Uhr das Hotel.
23.12 Uhr betrat Schellenberger mit weiteren Delegationsmitgliedern die

Nachtbar des
Hotels "Thüringen Tourist",

nahm an einem Tisch, an welchem bereits Delegationsmitglieder saßen, Platz.

Hier unterhielten sie sich angeregt und nahmen alkoholische Getränke zu sich.

Am Donnerstag, 26.01.1989

verließ
02.15 Uhr Schellenberger und weitere Delegationsmitglieder die Nachtbar und gingen an der Rezeption vorbei zum Bettenkomplex des Hotels. Zu diesem Zeitpunkt wurde die operative Beobachtung unterbrochen.

08.00 Uhr wurde die operative Beobachtung am Hotel "Thüringen Tourist" weitergeführt.
08.11 Uhr betrat Schellenberger mit einem weiteren Mitglied der Delegation das

Hotelrestaurant.

Hier nahm er an einem Tisch, an dem Delegationsmitglieder saßen, Platz und frühstückte.
08.37 Uhr verließ er das Hotelrestaurant und ging zurück in den Bettenkomplex.
08.58 Uhr verließ Schellenberger das Hotel, ging zu seinem PKW Golf, verstaute eine Reisetasche im Kofferraum und ging zurück zum Hotel. Hier verweilte er mit weiteren Delegationsmitgliedern.

09.10 Uhr ging Schellenberger gemeinsam mit der Delegation durch die Straße des 7. Oktobers zum

Johannes R. Becher Klub,

welchen er
09.16 Uhr betrat.
10.31 Uhr verließ er mit weiteren Delegationsmitgliedern den J.-R.-Becher-Klub und ging über die Straße des 7. Oktober und den Ernst-Thälmann-Platz zum

Waffenmuseum,

welches er
10.42 Uhr betrat.

Abb. h.3 Originalausschnitt Akte: Lückenlose Bewachung

4

11.52 Uhr verließ er das Waffenmuseum und ging mit einem Delegationsteilnehmer zu seinem PKW Golf, welcher auf dem Hotelparkplatz geparkt war. Beide Personen stiegen ein und Schellenberger fuhr zum Eingang des Hotels "Thüringen Tourist". Hier stieg der Delegationsteilnehmer aus und betrat

11.57 Uhr das Hotel. Kurz darauf verließ der Delegationsteilnehmer das Hotel wieder, stieg in den PKW Golf ein und Schellenberger fuhr

12.00 Uhr vom Hotel ab. Schellenberger fuhr durch das Stadtgebiet weiter in Richtung Meiningen.

Zu diesem Zeitpunkt wurde die Beobachtung beendet.

12.52 Uhr erfolgte die Ausreise über die Güst Meiningen.

Leiter der Abteilung

Oberstleutnant

Abb. h.4 Originalausschnitt Akte: Lückenlose Bewachung

Unterwegs „im Auftrag imperialistischer Geheimdienste“?

Für den IME „Rudi Rund“ war jetzt der Zeitpunkt gekommen, nach vielen Begegnungen mit mir eine Zusammenfassung zu schreiben. Ich wusste nach der ersten Lektüre der Akte sofort, wer hinter „Rudi Rund“ steckt. Er war von Anfang an meine Kontaktperson, wir haben uns fast angefreundet, das Du angeboten.

Rückblickend muss ich sagen, dass ich nicht geglaubt habe, für die Staatssicherheit derart interessant zu sein. Auch aus privaten Unterhaltungen wusste er viel über mich. Ich war sicher damals naiv, ihm schnell so zu vertrauen, hatte aber auch nicht im Geringsten die Vorstellungskraft, welch dichtes Netz die Staatssicherheit gerade um so eine Städtepartnerschaft und die Arbeit von westlichen Journalisten legte.

Übersichtsbogen der operativen Personenkontrolle
Suhl, Abt II

Suhl, den 21.03.89
Schellenberger, Eberhard

1. *Gründe für das Einleiten*
   S. ist ständiger freier Mitarbeiter des Bayerischen Rundfunks. Er beabsichtigt weiterhin im Rahmen der Städtepartnerschaft Suhl – Würzburg journalistisch tätig zu werden.

   Bisher vorliegende Erkenntnisse zu S. belegen, daß er Kontakte zu feindlichen Organisationen in der BRD, die gegen die DDR wirksam werden, unterhält.

2. *Zielstellung der OPK*
   1. *Erarbeitung von aussagefähigen Informationen, die den Mißbrauch seiner journalistischen Tätigkeit im Auftrag imperialistischer Geheimdienste bzw. anderer feindlicher Organisationen belegen, bzw. bekräftigen.*
   2. *Aufklärung des Persönlichkeitsbildes des S. unter der Sicht des Klärungsprozesses „Wer ist Wer“.*

Eingesetzter IM
IME „Rudi Rund“ Abt. II

Bezirksverwaltung für Staatssicherheit Suhl, Abteilung II/3
Suhl, 28. März 1989
bestätigter:
Leiter der Abteilung: L., Oberstleutnant

Einleitungsbericht zur OPK „Antenne“

1. *Angaben zur Person*
In der OPK „Antenne“ wird die BRD-Person
Schellenberger, Eberhard
Redakteur
Bayerischer Rundfunk/Würzburg
Nationalität: deutsch
Staatsangehörigkeit: BRD
Familienstand: verheiratet
operativ aufgeklärt und kontrolliert.

S. ist ständiger freier Mitarbeiter beim Bayerischen Rundfunk, Studio Mainfranken Würzburg, tätig. Weiter erarbeitet er auf Honorarbasis Beiträge für Privatsender aus dem Raum Würzburg (Antenne Bayern, Radio Gong Mainland).

S. ist parteilos. Er ist verheiratet und hat ein Kind von 2 Jahren. Die Ehefrau ist Kindergärtnerin, gegenwärtig jedoch nicht berufstätig.

S. ist Besitzer eines komfortablen Einfamilienhauses. Dafür hat er eine Reihe Kredite aufgenommen, deren Abzahlung noch längere Zeit in Anspruch nehmen wird. S. ist materiell sehr stark interessiert. Außerdem verfügt er über gute und hochkarätige Informationsquellen im Raum Würzburg.

2. *Operative Ausgangssituation und Begründung der operativen Notwendigkeit:*
S. hielt sich bisher fünfmal zu genehmigten journalistischen Vorhaben im Bezirk Suhl auf.

14.3.–15.3.1988
Erarbeitung Stadtportrait Suhl

14.5.1988
Bericht über einen Aufenthalt von Vertretern des Stadtkreises Haßfurt in Schmalkalden

09.6.–10.6.1988
Paraphierung Städtepartnerschaftsvertrag Suhl – Würzburg

21.9.–22.9.1988
Ratifizierung Städtepartnerschaft Suhl – Würzburg

25.1. –26.1.1989
Friedensgespräch im Rahmen der Städtepartnerschaft Suhl – Würzburg

Im Ergebnis der während seiner Aufenthalte im Bezirk Suhl durchgeführten operativen Kontrollmaßnahmen wurden folgende operative Erkenntnisse gewonnen.

S. nutzte die ihm im Rahmen der journalistischen Vorhaben gebotenen Möglichkeiten zur journalistischen Berichterstattung und hielt sich dabei an die genehmigten Rahmenprogramme. Bisher traten keine Kontaktaktivitäten seitens des S. zu Bürgern aus dem Verantwortungsbereich während seiner Aufenthalte im Bezirk Suhl auf. In seiner Berichterstattung aus Suhl zeigt S. eine loyale politische Haltung gegenüber der DDR und der Dialogpolitik zwischen der DDR und der BRD.

Dagegen trat S. in seiner Berichterstattung und Kommentierung im Rahmen der Städtepartnerschaft, die in Würzburg stattfanden, äußerst negativ in Erscheinung.

In seiner Berichterstattung über das Bürgergespräch einer Suhler Stadtratsdelegation mit Bürgern der Stadt Würzburg in Würzburg am 17.11.1988 war ersichtlich, daß S. Mitinitiator einer Diskussion zum Thema ständige Ausreise war. In diesem Gespräch wurde der Suhler Oberbürgermeister mit dem BRD-Bürger W., E. und dem ehemaligen DDR-Bürger D., W. konfrontiert, der Mitarbeiter der Feindorganisation „Arbeitsgemeinschaft 13. August e.V." ist und als Referent für die Betreuung ehemals in der DDR inhaftierten Personen fungiert. Sie traten als Fürsprecher von Familien und Personen aus Suhl in Erscheinung, die einen Antrag auf ständige Ausreise gestellt haben. Auf das Auftreten dieser Bürger hatte S. seine Hörer in vorangegangenen Sendungen bereits aufmerksam gemacht und er ging in seiner Reportage ausführlich auf diesen Sachverhalt ein.

Inoffiziell wurde erarbeitet, daß S. beabsichtigt, auf Dauer als Berichterstatter zur Problematik Städtepartnerschaft Suhl – Würzburg tätig zu sein und weitere journalistische Aktivitäten im Bezirk Suhl plant.

Als selbständiger Mitarbeiter westlicher Massenmedien gehört S. entsprechend zentralen linienspezifischen Erkenntnissen potential zu den Personenkategorien, die vom Gegner verstärkt für die Durchführung seiner Spionageaktivitäten und anderer subversiver Handlungen gegen die DDR und die anderen sozialistischen Staaten mißbraucht werden.

3. *Angaben zu den Quellen der vorliegenden Ausgangsinformationen.*
   Grundlage für die herausgearbeiteten operativen Ausgangsinformationen bilden die durch die eingesetzten operativen Mitarbeiter der Abteilung II/3 erarbeiteten operativen Ergebnisse anläßlich der Sicherungseinsätze zu Veranstaltungen im Rahmen der Städtepartnerschaft Suhl – Würzburg, die Ergebnisse der durchgeführten operativen Beobachtung durch die Abteilung VIII der Bezirksverwaltung Suhl, die gewonnenen Informationen des IME in Schlüsselposition „R. Rund", Abt. II, sowie die Auswertung verschiedener Rundfunkreportagen des S. und seiner abgesetzten telefonischen Berichte aus Suhl an seine Redaktion.

4. *Operative Wertigkeit der Ausgangsinformation*
   Wie bereits in Punkt 2 dargelegt, gehört S. als BRD-Journalist zu einer Personenkategorie, die in zunehmendem Maße durch imperialistische Geheimdienste u.a. feindliche Organisationen gegen die DDR mißbraucht werden.
   Er beabsichtigt, weiterhin im Bezirk Suhl im Rahmen der Städtepartnerschaft Suhl – Würzburg journalistisch tätig zu werden. Aufgrund des bekannten Kontaktes zu einem Mitarbeiter der Feindorganisation „Arbeitsgemeinschaft 13. August e.V." und seiner Aktivitäten anläßlich des Bürgergespräches in Würzburg am 17.11.1988 ist nicht auszuschließen, daß S. seine künftigen Aufenthalte im Bezirk zu genehmigten journalistischen Vorhaben mißbrauchen könnte, Kontakte zu politisch negativen Personenkreisen und Antragstellern auf ständige Ausreise herzustellen und diese journalistisch gegen die DDR zu nutzen.

   S. ist stark materiell interessiert. Es kann daher nicht ausgeschlossen werden, daß er für ein entsprechendes Honorar auch bereit ist, für imperialistische Geheimdienste u.a. feindliche Organisationen im Rahmen seiner journalistischen Tätigkeit wirksam zu werden.

5. *Zielstellung der OPK*
   Es wird vorgeschlagen, eine OPK mit folgender Zielsetzung durchzuführen:
   1. *Erarbeitung von aussagefähigen Informationen, die den Mißbrauch seiner journalistischen Tätigkeit im Auftrag imperialisti-*

scher Geheimdienste bzw. anderer feindlicher Organisationen belegen, bzw. bekräftigen.

2. *Aufklärung des Persönlichkeitsbildes des S. unter der Sicht des Klärungsprozesses „Wer ist Wer".*

Referatsleiter L., Major *operativer Mitarbeiter K., Feldwebel*

Gründung eines Freundeskreises Suhl – Würzburg

Während sich auf offizieller Ebene zwischen Suhl und Würzburg die Städtepartnerschaft konkretisierte, wurde deutlich, dass sie „offiziell" bleiben wird. Ein starr vereinbartes Besuchsprogramm offizieller Stellen und aus dem Osten nur „ausgesuchte Kader", die die Reise ins nahe Würzburg antreten durften.

Dem Würzburger Bernd Höland war dies entschieden zu wenig. Der gebürtige Erfurter wollte, dass sich die „normalen Bürger" aus West und Ost begegnen konnten. Und so erschien im Dezember 1988 eine Anzeige in der „Mainpost": „An alle Freunde von Suhl! Wer gründet mit uns einen Freundschaftsverein von Würzburgern und Suhlern auf privater Ebene? Interessenten melden sich bitte unter 0931..." Als Vierzehnjähriger war Bernd Höland nach Würzburg gekommen. Suhl kannte er aus seiner Kindheit durch Besuche bei seiner Tante.

Als am 18. Dezember der Verein in Würzburg aus der Taufe gehoben wurde, berichtete auch der Bayerische Rundfunk. Die Staatssicherheit hörte und schnitt den Beitrag mit – und war alarmiert. Solche privaten Kontakte wollte man auf keinen Fall.

Ministerium für Staatssicherheit, Bezirksverwaltung Suhl, Leiter

Streng vertraulich!
Um Rückgabe wird gebeten!

Suhl, 27.12.88

Information über die beabsichtigte Bildung eines sogenannten Freundeskreises Suhl – Würzburg durch den BRD-Bürger Höland, Bernd aus Würzburg

Am 19.12.1988 sendete die Welle Mainfranken des Programms des Bayrischen Rundfunks ein Interview des Korrespondenten des Bayrischen Rundfunks mit dem BRD-Bürger Höland, Bernd, Würzburg, in welchem Höland sich für die Bildung eines „Freundeskreises Suhl – Würzburg" aussprach.

Bereits während des Aufenthalts der Delegation aus Suhl in Würzburg habe Höland im Bürgergespräch mit dem Ziel, Suhler Bürgern Privatreisen nach Würzburg zu ermöglichen, den Oberbürgermeister von Suhl nach Perspektiven der Bildung eines derartigen Kreises befragt.

In der Reportage am 19.12.1988 konkretisierte Höland die Zielstellung seines Vorhabens damit,

- *private Kontakte zu knüpfen*
- *Einladungen zu gegenseitigen Besuchen auszusprechen,*
- *Würzburg als Patenstadt zu zeigen sowie*
- *Patenschaften über Horte und Kinderheime zu übernehmen und sie mit Obst und Gemüse zu versorgen.*

Die Sendung rief dazu auf, an Höland zu schreiben und erste Kontakte aufzunehmen. Jede Post werde beantwortet.

Höland war Mitglied einer offiziellen Reisegruppe, die sich am 22.9.88 in Suhl aufhielt und an der Ratifizierungsveranstaltung teilnahm.

L., Generalmajor

Und dann wurde der gesamte BR-Beitrag über die Gründung des Freundeskreises abgetippt und aktenkundig:

Ministerium für Staatssicherheit, Bezirksverwaltung Suhl, Leiter

Streng vertraulich!
Um Rückgabe wird gebeten!

Suhl, 24.1.1989

Information über Sendung im Rahmen der Städtepartnerschaft Suhl – Würzburg des Senders Bayern II, Welle Mainfranken (Abschrift von Mitschnitt)

20.1.89., 12.00 Uhr, Reporter Eberhard Schellenberger

Die deutsch-deutsche Städteehe zwischen Würzburg und Suhl hat seit gestern Abend Unterstützung von Bürgern auf privater Ebene; weil auf offizieller Bühne wohl zunächst keine Bürgerbegegnungen möglich sind, wurde im Stadtteilzentrum von Grombühl der Freundeskreis Suhl – Würzburg gegründet. Das Besondere daran, auch Bürger der DDR haben lebhaftes Interesse an einer Mitgliedschaft bekundet. Bei der Gründungsversammlung war unser Eberhard Schellenberger.

Initiator Bernd Höland hatte gestern Abend allen Grund zur Freude. Etwa 30 Personen aus Stadt und Landkreis Würzburg waren seinem Aufruf zur Gründung eines privaten Freundeskreises zwischen Suhl und Würzburg gefolgt. Warum waren sie gekommen?

„Weil ich Thüringen sehr liebe und Thüringen auch schon sehr gut kenne und wir schon jahrelang nach Thüringen fahren. Weil ich auch in Suhl eine Cousine habe mit Familie und die durften noch nie rüber."

„Ich habe durch meinen Bulgarienaufenthalt 1980 bis 1984 jedes Mal eine andere DDR-Familie kennengelernt und darunter auch eine Familie aus Erfurt, Neudietendorf, und die hat mich schon herumgereicht oder rumgeführt, das Land gezeigt, auch Suhl. Und von Suhl bin ich sehr begeistert. Ich habe da nette Leute kennengelernt und gute Erfahrungen gemacht."

„Ich habe meine Nichte drüben in Suhl und ihre Familie, die kommen doch nicht rüber, und deshalb wollte ich sie auch einmal besuchen und mal sehen, wie es da ausschaut in Suhl."

„Ich habe selbst schon zwei Adressen, habe ich mit zwei älteren Damen drüben da am Marktplatz Kontakt geschlossen, ich habe ihnen ein Paket geschickt."

Die Idee des Bernd Höland, die auch die private Zustimmung von Oberbürgermeister Kunze in der DDR hat, ist eigentlich ganz einfach:
„Das soll also so funktionieren, daß wir also erst einmal Suhler Bürger einladen, die uns schon geschrieben oder die ich drüben kennengelernt habe. Die laden wir wahrscheinlich im Mai ein, und diese Leute können sich revanchieren, können sich quasi Leute von unserem Freundeskreis zu sich einladen. Drei oder vier Tage, länger soll das vielleicht gar nicht sein, weil das eine finanzielle Frage ist, und es soll gegenseitig sein. Also umso mehr Suhler Bürger mitmachen, umso mehr Würzburger Bürger sind dabei."

Eine Fahrt nach Suhl zum Kennenlernen am 9. März, einem Donnerstag, damit auch ein Einblick in den DDR-Alltag möglich ist, steht zunächst an. Bernd Höland plant dann auch die Patenschaft mit einem Kinderheim und Werbeaktionen besonderer Art. Was hat er sich da einfallen lassen?

„Daß wir als Würzburger unsere Stadt bei dem Suhler Markt präsentieren können mit Prospekten oder zum Beispiel einen Frankenwein kostenlos ausschenken gegen eine Spende. Die Spende sollte dann wieder dem Kinderheim in Suhl zugutekommen. Oder umgedreht, daß drüben von dem Fleischkombinat in Suhl mal ein Metzger zu uns rüberkommt, hier in Würzburg echte Thüringer Bratwurst macht. Die verkaufen wir hier in Würzburg und dieser Erlös kommt auch den Kindern drüben in Suhl zugute. Und ich glaube, das kann man wirklich Alles verwirklichen."

Diese neue Bürgerinitiative besonderer Art hat auch Bürger in ihren Reihen, die aus Thüringen kommen:
„Ich bin selbst geborener Thüringer, bin seit 1947 in Mellrichstadt ansässig gewesen und wohne jetzt im Raum Würzburg. Mein besonderes Anliegen ist, die Kontakte auch wirklich auf ehrlicher, privater Initiative auszubauen und auch alle Bekannten in meine Heimat einzuführen, und da speziell Suhl, Zella-Mehlis – meine Geburtsstadt – und Oberhof. Es wird für alle Anwesenden unvergeßliche Erlebnisse darstellen."

„Ich war bis 1960 in Hildburghausen und kenne Suhl natürlich ganz genau, und jetzt habe ich sehr großes Interesse daran, auch irgendwelche Menschen von da vielleicht mal zu besuchen, obwohl ich das ganze Jahr DDR-Besucher habe und auch noch eine Tochter in der DDR habe und mich sehr verbunden fühle."

Der Partnerschaftsbeauftragte der Stadt Würzburg, Dr. Alexander von Papp, hat gestern Abend diese Privatinitiative begrüßt. Oberbürgermeister Dr. Zeitler unterstützt private Kontakte, die innerhalb der offiziellen Städtepartnerschaften noch nicht möglich sind. Und dies ist sicher auch völlig neu: Suhler Bürger haben bereits brieflich ihre Mitgliedschaft im Freundeskreis angekündigt:
„Die Suhler können sich ruhig bei uns in die Mitgliedsliste eintragen, weil wir sind auch kein Verein, sondern ein ganz loser Freundeskreis. Der Suhler soll nach Würzburg kommen und der Würzburger nach Suhl.

Die Akte „Drahtzieher“

Für die Staatssicherheit war schnell klar, dass die weitere Arbeit dieses Freundeskreises Würzburg – Suhl verhindert werden müsse. Hauptziel war es ab sofort, den Gründer und Initiator Bernd Höland „kaltzustellen“. Eine detaillierte Personenanalyse wurde angeordnet, Bernd Hölands Akte bekam den Namen „Drahtzieher“.

> ***Suhl, Dienststelle KD Suhl. Suhl, den 3.4.89***
> ***Übersichtsbogen zur operativen Personenkontrolle***
>
> ***Höland, Bernd***
> ***Deckname „Drahtzieher“***

1. *Gründe für das Einleiten:*
   H. gründete im Rahmen der Städtepartnerschaft Suhl – Würzburg einen sogenannten Freundeskreis. Mit Kontakten auf privater Ebene intensiviert H. unter Einbeziehung westlicher Massenmedien seine Aktivitäten, um die Partnerschaftsbeziehungen zielgerichtet zu unterlaufen. Darüber hinaus wird von ihm versucht, offizielle Kontakte zu mißbrauchen, um diesen Freundeskreis als Bestandteil der offiziellen Vereinbarung vorzutäuschen. Im Rahmen der erkannten Vorgehensweisen sind subversive Absichten gegen die DDR nicht auszuschließen.
2. *Zielstellung der Operativen Personenkontrolle:*
   - *Erarbeitung des Verdachtes, daß es sich bei H. um eine im Auftrag einer feindlichen Organisation oder Einrichtung tätigen Person handelt.*

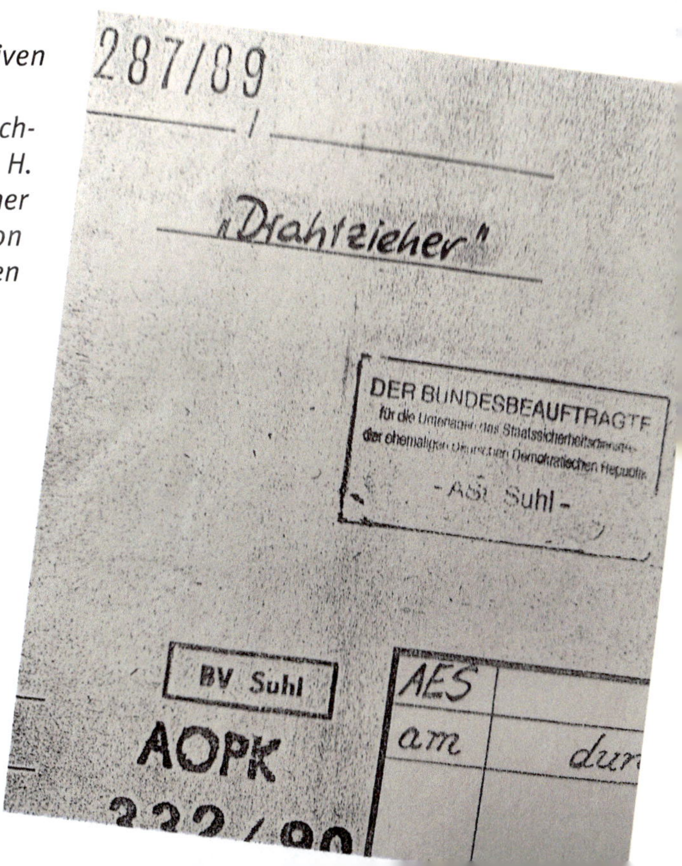

BILD 32 Die Akte von Bernd Höland, dem Vorsitzenden des Freundeskreises, erhielt den beziehungsreichen Decknamen „Drahtzieher“.

– Aufklärung der Absichten und Aktivitäten zum Mißbrauch der Städtepartnerschaft.
– Vorbeugende Verhinderung eines weiteren feindlich-negativen Wirksamwerdens des H.

Eingesetzte IM:
IMS „Bernd Heinrich“
IMS „Brauner“
IMS „Jochen“
IMS „Sekretär“

Zur Person:
Charakterlich ist H. aufgeschlossen. Das Auftreten ist selbstsicher und bestimmend.

Die Gründung des Freundeskreises erfolgte mit Unterstützung durch Publikationen, im Bayerischen Rundfunk II, Welle Mainfranken und in der lokalen Presse von Würzburg, zum Beispiel „Mainpost“. Insbesondere durch den Redakteur Schellenberger, Eberhard, 8700 Würzburg.

In einem Interview vom 16.02.1989 mit einem Mitarbeiter des Bayerischen Rundfunks, „Welle Mainfranken“, erklärte H., bisher insgesamt 102 Briefe aus der DDR erhalten zu haben.

H. wurde aufgrund der privaten Bemühungen zur Gründung des sogenannten Freundeskreises vom Ministerium für Innerdeutsche Beziehungen der BRD der Dank ausgesprochen. Dabei wurde zum Ausdruck gebracht, daß er als Erster auf eine solche grenzüberschreitende Idee gekommen sei (Veröffentlichung „Mainpost“ vom 21.01.1989).

Im Ergebnis der bisher erarbeiteten Informationen im Rahmen der Städtepartnerschaft Suhl – Würzburg ist einzuschätzen, daß die Gründung des sogenannten Freundeskreises und die Aktivitäten des H. Bestandteil der politischen Zielstellung der offiziellen Vertreter der Stadt Würzburg sind, um durch Herstellung von umfangreichen Kontakten auf unterer Ebene die Vereinbarungen der Städtepartnerschaft zu unterlaufen und DDR-Bürger dazu zu mißbrauchen.

Versionen:
– Inspiriert durch die ständige Popularisierung des politischen Kurses der BRD über das „deutsch-deutsche“ Verhältnis handelt H. aus persönlichen Motiven heraus, um seine Person sowie sein pri-

vates Unternehmen ins Blickfeld zu bringen und persönliche Vorteile zu erreichen.

- *H. wird durch feindliche Kräfte in seinen Aktivitäten unterstützt, um über breiteste Kreise Kontakte auf unterer Ebene im Rahmen des sogenannten Freundeskreises herzustellen und Informationen zu erarbeiten, die bei offiziellen Verhandlungen zur Diffamierung der DDR genutzt werden können.*
- *H. ist Mitglied einer feindlichen Organisation oder handelt in deren Auftrag, um feindlich-negative Zielstellungen mit dem sogenannten Freundeskreis im Rahmen der Städtepartnerschaft zu realisieren.*

Kontrollziele:

- *Aufklärung der Persönlichkeitseigenschaften des H., seiner politischen Aktivitäten und Lebensverhältnisse mit dem Ziel der Herausarbeitung von Ansatzpunkten für ein offensives Vorgehen gegenüber dem H.*
- *Aufklärung des Charakters der Verbindungen des H. innerhalb des Raumes Würzburg zu exponierten bzw. bereits in Erscheinung getretenen Personen und mit dem Ziel der Herausarbeitung des Verdachtes der Verbindung zu gegnerischen Stellen.*
- *Zuordnung von Aktivitäten des sogenannten Freundeskreises zum Auftreten/Verhaltensweisen von Vertretern der Stadt Würzburg im Rahmen der Partnerschaftsbeziehungen mit dem Ziel, inoffizielle und offizielle Gegenmaßnahmen einzuleiten, um den „Freundeskreis" unwirksam zu machen.*

Quellen:

- *Mitschnitte der Sendungen im Bayerischen Rundfunk II, Welle Mainfranken.*
- *Aktennotiz GMS „Jochen" zum persönlichen Gespräch mit H. am 03.01.1989.*
- *Hinweise der Abteilung M über Aufnahme von Verbindungen mit H.*
- *Presseartikel der „Mainpost"*

Einige Tage später wurde ein Maßnahmenplan festgelegt, der ganz auf die Person Bernd Hölands ausgerichtet war. Unter den eingesetzten GMS (Gesellschaftlicher Mitarbeiter für Sicherheit) war mit GMS „Jochen" auch der Suhler Oberbürgermeister Jochen Kunze.

Kreisdienststelle Suhl
10. April 1989

Maßnahmeplan zur Operativen Personen Kontrolle (OPK) „Drahtzieher“

1. *Einsatzmöglichkeiten der operativen Kräfte im Rahmen der offiziellen Vereinbarungen;*

1.1 *Einsatz und Instruierung GMS „Jochen“ mit dem Ziel:*
- *Verhinderung der Einbeziehung des Freundeskreises in die Vereinbarungen zur Städtepartnerschaft Suhl – Würzburg.*
- *Dokumentierung der Aktivitäten des H. zum Mißbrauch der Städtepartnerschaft Suhl – Würzburg im Vergleich mit dem Auftreten offizieller Vertreter.*
- *Realisierung offensiver Maßnahmen zur Aufklärung der Pläne/ Absichten des H.*

1.2 *Einsatz und Instruierung des IMS „Bernd Heinrich“ und des GMS „Sekretär“ zur Erarbeitung und Dokumentierung der Aktivitäten des H. hinsichtlich einer offiziellen Anerkennung im Rahmen der Partnerschaftsbeziehungen.*

1.3 *Einflußnahme auf die Auswahl der Delegationsmitglieder für die vereinbarten Zusammenkünfte entsprechend dem Jahresprotokoll und Gewährleistung der operativen Durchdringung sowie Realisierung von offensiven Maßnahmen zur wirksamen Durchsetzung unserer politischen Ziele im Rahmen der Städtepartnerschaft zur Einschränkung des Einflusses von H. u.a. operativ zu beachtenden Personen.*

2. *Einsatzmöglichkeiten im Rahmen des sogenannten Freundeskreises:*

2.1 *Kontaktierung der AIM „Lutz Mende“ und „Bernhard Wagner“ und Prüfung der Einsatzmöglichkeiten im Rahmen ihrer Kontaktaufnahmen zu H.; vorrangige Klärung der Eignung und Bereitschaft zur inoffiziellen Zusammenarbeit mit dem Mfs.*

2.2 *Auswahl und Einsatz weiterer geeigneter, zuverlässiger IM/GMS der Diensteinheit zur Kontaktaufnahme mit H. mit dem Ziel, Informationen zur Person und zu Aktivitäten, Plänen und Absichten des sogenannten Freundeskreises zu erarbeiten.*

2.3 *Zusammenarbeit mit der NV Erfurt/KD Erfurt, HA I/GKS Aufklärung, BV Suhl Abteilung VI und 26 zum Einsatz der im Rahmen der M-Fahndung bekanntgewordenen IM/GMS, Übergabe eines Informationsbedarfes und Abstimmung von Maßnahmen zum operativen Vorgehen.*

2.4 *Prüfung der Eignung zur operativen Nutzung einer Quelle des Kom. I des VPKA Suhl im Rahmen seiner persönlichen Kontakte zu H., vorrangig zur Aufklärung der Persönlichkeitseigenschaften, seiner politischen Aktivitäten und seiner Verbindungen in Würzburg mit dem Ziel der Erarbeitung und Durchführung einer operativen Legende, um die Aktivitäten des H. weiter einzuschränken.*

3. *Zusammenarbeit mit den Abteilungen III, VO, VIII und M der BV Suhl zur Dokumentierung der Aktivitäten des H. und der Herausarbeitung von Kontakten und operativ bedeutsamen Verbindungen zur Einleitung operativer Maßnahmen und Prüfung auf operative Nutzbarkeit.*

4. *Klärung der persönlichen Kontakte des H. nach Erfurt, deren Charakter und Intensität in Zusammenarbeit mit der BV Erfurt/KD Erfurt mit dem Ziel der Prüfung zur operativen Nutzung zur Durchführung der OPK.*

5. *Erarbeitung eines Zwischenberichtes und Ableitung weiterer konkreter Maßnahmen.*

BR-Sendung „Flohmarkt" mobilisiert Suhler

Da die Aufrufe zur Gründung eines Freundeskreises auch an die Suhler Bevölkerung gerichtet waren, vor allem über die Rundfunkberichterstattung, schrieben zahlreiche Suhler Bürgerinnen und Bürger an Bernd Höland in Würzburg. In der Abteilung M, die für die Postkontrolle zuständig war, muss in diesen Januartagen 1989 Hochbetrieb geherrscht haben. Erst recht, als nach der Berichterstattung im BR-Regionalprogramm auch die populäre Sendung „Flohmarkt" gesamtbayerisch über die Suche nach Mitgliedern für einen Freundeskreis berichtete.

Bezirksverwaltung für Staatssicherheit Suhl, Abteilung M

Suhl, 25.1.1989

Ergänzung zu Aktivitäten im Zusammenhang mit der Städtepartnerschaft Suhl – Würzburg

Im Rahmen der Anschriftenfahndung der KD Suhl zum Initiator des privaten „Freundeskreis Würzburg – Suhl", Höland, Bernd, Würzburg, wurden nach der Rundfunksendung Flohmarkt in Bayern 1 am 21.01.89, in der offensichtlich Hölands Adresse zur Vermittlung von

Brieffreundschaften Würzburg – Suhl bekanntgegeben worden war, bisher 7 Kontaktaufnahmen zu Höland festgestellt.

Im Einzelnen handelt es sich um:
M.B., M.H., L.H., J.R., Sch.F., Sch.D., M.G.

Die Sendung der L. wurde als EINSCHREIBEN aufgeben. Die Adressierung ist z.T. auf Grund von Hörfehlern nicht exakt. („HÖFLAND", PÖHLAND u.ä.).

In differenzierter Form nehmen die angefallenen Personen Bezug auf HÖLANDS „Aufruf" in der genannten Sendung, im „Freundeskreis" mitzuwirken und Brieffreundschaften aufzubauen, wobei sie sich meist kurz vorstellen:

***M.:** 4-köpfige Familie B. (37), S. (33)., A. (11), D. (13)*
„... an einem Briefwechsel mit Menschen aus Deiner Stadt interessiert ... freuen uns, daß es eine derartige Interessensgemeinschaft gibt und wir somit als einfache Leute die Möglichkeit haben, die Partnerschaft unserer beiden Städte auch auf persönlicher Ebene zu pflegen ..."

***M.:** H. (58), H. (53)*
„... sollte Interesse für einen Kontakt vorliegen, kann man über alles berichten."

***L.:** seit 2 Jahren Rentnerin; noch stundenweise als Schreibkraft im Gesundheitswesen tätig. Lebt seit ca. 10 Jahren allein. Verwandte im Bezirk Potsdam wohnhaft.*
„... hörte ich im Radio von Ihrer wunderbaren Idee ... Mich hat dieser Gedanke sehr bewegt. Wie gut, daß es Menschen gibt, die auch uns gegenüber weltoffen geblieben sind. Wenn ich mithelfen kann, möchte ich gern meine Unterstützung zusagen ... Für eine Dame, evtl. auch zwei Damen oder ein Ehepaar könnte ich Gastgeber sein ... Da ich viel Freude am Leben habe, möchte ich Sie höflich bitten, mich Ihrer guten Sache anschließen zu können ... Sie würden mir eine aufrichtige Freude bereiten, wenn ich Antwort bekäme."

***J.:** 61 Jahre. Parteilos, in der Fischverarbeitung beschäftigt.*
„... von Ihrem außergewöhnlichen Angebot dem Freundeskreis Würzburg – Suhl als Mitglied beizutreten. Im Zuge der von beiden Teilen Deutschlands angestrebten Partnerschaft, würde ich mich dafür einsetzen, daß sich die Menschen aus dem geteilten Vaterland näher kommen ... Ich würde mich freuen, von Ihnen etwas Näheres

über den bei Ihnen bestehenden Freundeskreis Würzburg – Suhl zu erfahren und freue mich auf die Zuschrift von Ihnen."

Sch.: *49 Jahre.*
„... daß Sie noch Adressen suchen zwecks Briefwechsel – Partnerschaft Würzburg – Suhl ... Ich würde mich freuen mit jemanden von Würzburg in Briefwechsel zu treten."

Sch.: *41 Jahre. Erwartet für 24.1.89 Entscheidung über beantragte Besuchsreise zum 60. Geburtstag des Cousins in Kreuzwertheim, ständige Hörerin des Flohmarktes.*
„... aber leider können wir uns ja nicht beteiligen, weil alles telefonisch ist ... Mein Cousin würde mich dann in Würzburg am Bahnhof abholen. Ich könnte dann mal fragen, ob er mich vielleicht zu Ihnen fährt. Sollte es nicht klappen, wäre ich sehr erfreut, wenn ich von Ihnen mal Post bekäme."

M.: *In durchgehendem Schichtsystem tätig. Hat Sendung auf Arbeit gehört.*
„Diese Partnerschaften bewegen sich meiner Meinung nach doch nur auf einer gewissen Ebene, so daß das Volk nicht viel davon mitbekommt. So kann man Sie zu dieser Initiative nur bewundern. So ein Kreis kann nur auf privater Ebene aufgebaut werden, denn bei uns würde so etwas von behördlicher Seite nicht unterstützt werden. Kann man doch feststellen, daß es noch Menschen gibt, denen ihre Mitmenschen im anderen Teil Deutschlands nicht ganz gleichgültig sind."

Darüber hinaus wandte sich der R. G. direkt an den Würzburger Stadtrat, um in Kontakt mit einer Würzburger Familie zu kommen. R. (36 Jahre, verheiratet, 1 Tochter, Küchenchef im „Goldenen Hirschen") wäre insbesondere an einem Erfahrungsaustausch mit Berufskollegen interessiert, was jedoch nicht Bedingung sei.

In der Anlage übersende ich Kopien zur Kenntnisnahme und operativen Veranlassung.

Die Abteilung XX, die AKG und die Abteilung II werden durch die Abteilung M informiert.

Leiter der Abteilung
S., Oberstleutnant

Würzburger Studenten als Spitzel angeworben

Die Staatssicherheit sah sich gezwungen, schnell zu handeln. Dabei sollten ihnen auch drei Studenten aus Würzburg helfen. Sie waren von der Staatssicherheit bei deren Urlaub am ungarischen Plattensee angeworben worden. „Aus Abenteuerlust und Nervenkitzel", erzählten sie nach der Wende, hätten sie dieses Angebot angenommen. Sie waren nach Thüringen eingeladen worden, und dort wurde ihnen angeboten, gegen Bezahlung Material über Bernd Höland in Würzburg zu sammeln. In der Akte „Drahtzieher" ist der Auftrag zu finden:

> ***14.1.89***
>
> ***Vorschlag für weiteren Einsatz des IMB „Pfeil"***
> ***Durchführung OPK „Drahtzieher"***

1. *Persönlichen Kontakt zu dem Studenten, Uni Würzburg aufnehmen mit dem Ziel über ihn Kontakte zu Höland herzustellen.*
2. *Konkretisierung der Angaben zu allen 3 Studenten über weiteren Entwicklungsweg, bisherigen Studienverlauf, Familienverhältnisse.*
3. *Unter Bezugnahme auf die Studenten ist zu einem späteren Zeitpunkt eine direkte Kontaktaufnahme zu Höland zu realisieren.*
4. *Aufklärungsmöglichkeiten der Partner des Höland in Suhl*

> *Ministerium für Staatssicherheit*
> *Hauptabteilung VI*
> *Abteilung Objektsicherung und Tourismus*

Nach der Wende erfuhr Bernd Höland die Namen und Adressen der Jura-Studenten aus Unterfranken, nahm mit einem von ihnen Kontakt auf und wollte wissen, warum und wie sie für die Staatssicherheit gearbeitet hätten. Zunächst stritt dieser alles ab, meldete sich nach einigen Tagen aber nochmal und räumte jetzt die Anwerbung von Seiten der Staatssicherheit ein. Sie hätten geplant, Mitglieder des Freundeskreises in Würzburg zu werden, dazu kam es aber nicht, und so hätten sie auch kein Material an die Staatssicherheit geliefert. „Ich habe dann nichts gegen sie unternommen", sagt Höland rückblickend.

Negligé und versteckte Kamera

Im Frühjahr 1989 hatte sich die politische Situation bereits zugespitzt. Die Staatssicherheit hatte auch in Suhl verstärkt mit den eigenen Bürgerinnen und Bürgern zu tun, die bei den Montagsdemonstrationen die Kirchen füllten und auf die Straße gingen.

Aber: Der Staatssicherheit war nahezu jedes Mittel recht. Bernd Höland war von Suhlern zu einem Besuch mit Übernachtung in eine Privatwohnung eingeladen worden. Die Einladung kam von einem Mitglied des Suhler Freundeskreises. Der Ehemann gab vor, noch etwas erledigen zu müssen, die Ehefrau servierte Bernd Höland Sekt, taucht plötzlich in einem rosafarbenen Negligé auf und setzt sich neben ihn. Im Zimmer ist ein großer Spiegel an der Wand, dahinter gibt es plötzlich ein fallendes Geräusch. „Oh, unsere Katze“, sagt die Frau, verlässt aber das Zimmer nicht, um nach dem Tier zu schauen. Bernd Höland erinnert sich rückblickend: „Mir kam plötzlich alles verdächtig vor, ich hatte auch nie eine Katze in der Wohnung gesehen.“ Er verabschiedet sich rasch und geht schlafen. Am nächsten Tag kommt er ins Badezimmer, auf der Gegenseite des Spiegels zum anderen Zimmer befindet sich eine Bretterwand. Bernd Höland vermutet dahinter einen einseitig durchsichtigen Spiegel und dass hier eventuell eine Kamera positioniert war. Bestätigt wird er nach der Wende, als er in seiner Akte „Drahtzieher“ unter dem damaligen Datum liest, es seien „Verunsicherungsmaßnahmen zu ergreifen und kompromittierendes Material zu sammeln“. Das Ehepaar habe sich in der Zeit danach nicht mehr sehen lassen, so Bernd Höland. Der Plan der Staatssicherheit, Erpressungsmaterial zu sammeln, war gescheitert.

Stasispitzel in der Kirchenbank

Dass auch die Staatssicherheit ihre Augen nicht überall hatte und ich mir trotzdem nicht sicher sein konnte, bespitzelt zu werden, zeigte sich im Februar 1989. Ich hatte ein Touristenvisum für eine Fahrt mit dem Arbeitskreis Innerdeutsche Kontakte (AIK) aus dem Landkreis Rhön-Grabfeld nach Gera beantragt. Der AIK unter Vorsitz von Winfried Schlereth hatte über viele Jahre Theaterfahrten im Rahmen des „Kleinen Grenzverkehrs“ aus Unterfranken in das renommierte Theater Meiningen organisiert. Der „Kleine Grenzverkehr“ war aus den unmittelbar an der Grenze liegenden Landkreisen Rhön-Grabfeld, Bad Kissingen und Haßberge in die grenznahen Kreise der DDR mit Tagesvisa möglich, die keine lange Genehmigung brauchten. Die Arbeit des AIK war den DDR-Behörden einerseits suspekt, weil sie das „deutsch-deutsche“ Miteinander betonte, anderseits waren die gut gebuchten Ausflüge ein willkommener Devisenbringer.

Der AIK hatte zudem eine Patenschaft mit einer katholischen Kirchengemeinde in Zeulenroda bei Gera, er hatte u.a. die Kirchenbänke gestiftet und war nun zur Kirchenweihe eingeladen. Da ich eine größere Sendung über den AIK in Arbeit hatte, aber für diese Reise keine Arbeitserlaubnis, hinterlegte ich mein Tonband an der Grenze beim bundesdeutschen Zoll, um bei der Rückfahrt im Bus auf Bundesgebiet Aufnahmen machen zu können. Für die Aufnahme von Atmosphäre wie Glockenläuten, Orgel oder Gemeindegesang nahm ich ein zigarettenschachtelgroßes Aufnahmegerät mit. Einer Gefahr war ich mir damals (naiverweise) nicht bewusst.

Die Staatssicherheit hatte mich längst auf der Besucherliste bei der Antragsstellung des AIK entdeckt und startete die Überwachungsaktion „Akazie“. Es wurden verdeckt Fotos von mir gemacht, die sich in der Akte fanden, und es gab auch eine komplette Personenbeschreibung von mir, damit nicht der Falsche observiert wurde:

Abb. i Originalausschnitt Akte:
Foto von Eberhard Schellenberger, fotografiert verdeckt von der Stasi

An Bezirksverwaltung für Staatssicherheit Abteilung II Suhl

Auswertung der Aktion „Akazie 1/89"

Der für Ihre Diensteinheit erfaßte Bürger der BRD, Schellenberger, Eberhard, Redakteur Bayerischer Rundfunk Würzburg war Teilnehmer einer Reisegruppe des „Arbeitskreises Innerdeutsche Kontakte" (AIK) Rhön-Grabfeld vom 25.2.–26.2.1989. Als Anlage übersenden wir Ihnen Auszüge aus IM-Berichten und Arbeitsergebnisse der Abteilung VIII zur eigenen Auswertung.

Leiter der Abteilung R., Oberst

Bezirksverwaltung für Staatssicherheit Abteilung VIII/1
Gera, 1.3.1989

Objekteinschätzung zu Schellenberger

Der Schellenberger beteiligte sich im Beobachtungszeitraum am gesamten Programm der Reisegruppe. Kontakte zu anderen Personen wurden nicht festgestellt. Handlungen, entsprechend journalistischer Tätigkeiten wie Interviews, Ton- und Fotoaufnahmen außerhalb der aufgesuchten Gebäude und Einrichtungen wurden nicht durchgeführt.

Referatsleiter M., Major

Personenbeschreibung des Schellenberger

Geschlecht: männlich
Alter: 38–42 Jahre
Größe: 175–180 cm
Gestalt: schlank
Haare: braunrot, Kurzhaarfrisur
Bart: Oberlippenbart
Kopf: oval, hervorstehende Wangenknochen
Bekleidung: dunkelblauer Mantel, helle Hose,
helles Hemd mit Binder

Der Stasimann, der in der Kirche während des Gottesdienstes wohl hinter mir saß, bemerkte also das kleine Tonbandgerät nicht, das ich unter einem Liedblatt versteckt hielt. Die Tagesreise ging ohne Komplikationen über die Bühne.

Wenige Tage nach unserer Rückreise trafen aus Unterfranken Informationen über diese Reise bei der Staatssicherheit in Suhl ein:

Schellenberger hielt sich mit Teilnehmern und dem DDR-Reiseleiter am ersten Abend an einem Tisch auf. Über eventuelle Kontakte in der Nachtbar wurde nichts bekannt. Schellenberger hatte 30 DM eingetauscht. Durch Schellenberger wurde nichts angegeben, daß ihm bei der Einreise an der Grenze sein großes Tonaufnahmegerät eingezogen bzw. hinterlegt wurde. Schellenberger hatte noch ein Handaufnahmegerät bei sich, das er dann für Aufnahmen während des Gottesdienstes in der katholischen Kirche einsetzte. Er hielt es nicht offen, sondern benutzte es verdeckt zwischen Programmheften. Vermutlich hat er die gesamte Weihe-Feierlichkeit in der katholischen Kirche mitgeschnitten.

Zum allgemeinen Wesen ist zu sagen: Schellenberger ist ein aufgeschlossener, redegewandter und kontaktfreudiger Typ.

Der Bericht stammte von einem Spitzel innerhalb des Arbeitskreises. Es war der inoffizielle Mitarbeiter mit dem Decknamen „Kurhaus". Nach der Wende und nachdem auch der Vorsitzende des Arbeitskreises seine Stasiakte eingesehen hatte, flog „IM Kurhaus" auf und wurde aus dem AIK ausgeschlossen.

Freundeskreisvorsitzender als „Staatsfeind"

Zurück nach Würzburg und zu Bernd Höland. Dieser organisierte weiterhin den Aufbau des Freundeskreises Würzburg – Suhl außerhalb der offiziellen Städtepartnerschaft, und die Staatssicherheit sammelte weiter für die Akte „Drahtzieher" und verstärkt die Operative Personenkontrolle. Bernd Höland wurde als Bedrohung gesehen, als Staatsfeind:

OPK „Drahtzieher"
Höland, Bernd

Quelle: IMS „Max Lemme" Abt. M

In Veröffentlichung der lokalen Presse am 21.04.89 und 22./23.04.89 durch den Redakteur der „Mainpost" im Zusammenhang mit den Aktivitäten des H. werden die Versuche, die Städtepartnerschaft Suhl – Würzburg zu diffamieren, fortgesetzt. Unter Hinweis auf die deutsch-deutsche Partnerschaft stellt F. dar, daß außer dem Austausch offizieller Delegationen für Kontakt auf breitester unterster Ebene nur von Würzburger Seite etwas unternommen werde.

Für diese Darstellung werden Beispiele aus dem Austausch der Kontakte im Rahmen des sogenannten Freundeskreises zur Dokumentierung genutzt und zum Teil wörtlich zitiert.

Bewertung:
Die in den Artikeln von F. verwendeten Zitate wurden auszugsweise wörtlich aus den brieflichen Verbindungen des H. mit Bürgern aus Suhl entnommen.

Es ist davon auszugehen, daß H. die Zuschriften aus Suhl Vertretern der Presse zugänglich macht, um die politischen Zielstellungen zu unterstützen.

Vor allem die Abteilung M, die Postkontrolle, hatte viel zu tun. Interessenten aus Suhl, die Kontakt mit dem Freundeskreis aufgenommen hatten, wurden aufgrund ihrer abgefangenen Briefe nach Würzburg identifiziert und erhielten Stasibesuch:

OPK „Drahtzieher"

K.K., Suhl, VEB FMS Sachbearbeiter Finanzen
K.J., Suhl, Forstfacharbeiter

Quelle: Hinweise Abt. M
– Betriebsermittlung
– operative Aufklärung durch BV Suhl

K.K. und J. unterhalten seit 24.02.1989 postalische Verbindung zu Bernd Höland.

Beide identifizieren sich mit der Zielstellung des sogenannten Freundeskreises. Im Brief vom 27.03.89 an H. stellen sie dar:
„Ihre Bemühungen um eine Erleichterung von Reisemöglichkeiten finden bei uns sehr große Anerkennung und wecken neue Hoffnung. Leider wird darüber in keiner Zeitung geschrieben. Die Bevölkerung hatte sich unter einer Städtepartnerschaft auch etwas anderes vorgestellt, zum Beispiel, daß auch der kleine Mann etwas davon hat und eventuell reisen darf. Doch wir sind gleich von Anfang an einen Besseren belehrt worden. Leider."

Diese Meinungsäußerungen wurden in Presseveröffentlichungen am 21.04./22.04.89 in der „Mainpost" durch den Redakteur Flade, Roland wörtlich verwendet.

OPK „Drahtzieher"
Höland, Bernd

– operative Aufklärung der M. durch BV Suhl

Fam. M. unterhält seit 28.02.89 postalische Verbindung zu dem Höland, Bernd und erklärt sich bereit, im Rahmen des sogenannten Freundeskreises Suhl – Würzburg mitzuarbeiten.

Die Verbindungsaufnahme initiierte Koch, Helmut anläßlich seines Aufenthaltes in Würzburg während der ökumenischen Woche (19.–29.01.89) im Alexander-Schröder-Haus.

Die M. unterhält weitere persönliche Kontakte zu Verwandten ihrer Adoptivtochter in die BRD. Die letzte Ausreise erfolgte vom 6.10.–15.10.89.

Bewertung:
Aufgrund bestehender Reisemöglichkeiten in die BRD ist zu erwarten, daß derartige Reisen genutzt werden, um mit H. persönlich zusammenzutreffen.

Es ist nicht auszuschließen, daß während des Aufenthaltes des H. am 09.03.89 in Suhl eine persönliche Zusammenkunft im Evangelischen Kreiskirchenamt erfolgt.

OPK „Drahtzieher"

– Info an Abt. XVII
– op Aufklärung des W.

W. unterhält postalische Verbindung zu Höland, Bernd.

Ein persönliches Zusammentreffen mit H. anläßlich eines touristischen Aufenthaltes am 09.03.1989 in Suhl wurde durch op. Maßnahmen verhindert.

W. schätzt aufgrund der gesetzlichen Bestimmungen der DDR ein, daß ihm ein besuchsweiser Aufenthalt bei H. in Würzburg abgelehnt wird.

Um persönlichen Kontakt zu ermöglichen und auszubauen, lädt er die Mitglieder des sogenannten Freundeskreises Suhl – Würzburg einschließlich H. für April 1990 zu seiner Silberhochzeit nach Suhl ein.

H. sagt dieser Einladung zu und teilt mit, daß er bereits am 17.06.89 nach Suhl kommen wird.

Bespitzelt in Würzburger Gaststätte

Im April kam eine kleine Gruppe von DDR-Bürgern aus Suhl nach Würzburg. Die Teilnehmer konnten besuchsweise reisen, weil sie über 65 Jahre alt waren. Dass die Staatssicherheit so genau Bescheid wusste, war auf Informationen aus der kleinen Suhler Reisegruppe zurückzuführen. Der Stasi war es gelungen, einen Spitzel in den Freundeskreis einzuschleusen, der nach seiner Enttarnung nach der Wende den Freundeskreis rasch wieder verließ. Über die Unterhaltung in der Gaststätte berichtete er nach seiner Rückkehr in die DDR:

OPK Drahtzieher

Quelle: M-Hinweis
– Information an BV Suhl/Abt II
– Information an OB der Stadt Suhl

Während des Aufenthaltes des G. vom 30.04.89 bis 04.05.89
in Würzburg wurde folgender Ablauf durch HÖLAND organisiert:
02.05.89 – Besuch griechischer Gaststätte in Würzburg
(vermutlich „Herkules“)

03.05.89 – Empfang der DDR-Bürger im Rathaus
ohne Zusammentreffen mit OB Dr. Klaus Zeitler

Besichtigung Museum

Kaffeetafel

Beim Aufenthalt im Restaurant „Herkules“ erfolgte durch Mitarbeiter des Bayerischen Rundfunks Gesprächsführung. G. bedankte sich persönlich in einem Interview mit dem BR für die Gastfreundschaft der Würzburger. Den Aufenthalt in Würzburg wertete er als positiv, da es H. trotz der unverständlichen Gesetze der DDR gelungen sei, eine derartige Zusammenkunft zu organisieren. Weiterhin vertritt er die Meinung, wenn von DDR-Seite eine Partnerschaft abgeschlossen wurde, müsse sie sich auch dafür einsetzen, daß junge Leute derartige Möglichkeiten erhielten und nicht nur ein „Rentnerverein“.

G. hofft, daß durch diese Zusammenkunft und den geführten Gesprächen mit Mitgliedern des Freundeskreises von Würzburg, weitere persönliche Kontakte abgeschlossen werden. Er habe in Suhl genügend Bekannte, die daran interessiert seien.

BILD 33 **Abendessen mit Suhler Bürgern in einer Würzburger Gaststätte – was keiner wusste: Ein Stasispitzel war auch Mitglied des Freundeskreises und saß mit am Tisch.**

Bewertung:
Durch H. wurden gezielt elektronische Medien der BRD genutzt, um im Rahmen des sogenannten Freundeskreises „Suhl – Würzburg" politische Zielstellungen der BRD zum Unterlaufen der Städtepartnerschaft zu unterstützen. Weiterhin ist nicht auszuschließen, daß eine offizielle Begrüßung des H. durch den OB von Würzburg nicht realisiert wurde, um sich einer möglichen Auswertung im Rahmen der offiziellen Vereinbarungen zu entziehen und diesen Aufenthalt als Privatinitiative darzustellen.

Nach der Formulierung eines Zwischenberichts über Bernd Höland überlegte die Staatssicherheit erneut, mit welchen Maßnahmen die weitere Arbeit des privaten Freundeskreises Suhl – Würzburg gestört werden konnte.

Kreisdienststelle Suhl
Suhl, 11. Juni 1989

Zwischenbericht zur OPK „Drahtzieher“

In Durchführung der OPK konnte herausgearbeitet werden, daß Höland seine Aktivitäten zum Unterlaufen der offiziellen Vereinbarung der Städtepartnerschaft Suhl – Würzburg weiter fortsetzte. Diese werden insbesondere darin sichtbar:

- *daß bei telefonischen Kontakten des Leiters des Amtes für Öffentlichkeitsarbeit Alexander von Papp mit dem OB von Suhl (20.04.89) zum Ausdruck gebracht wird, daß nach Angaben des H. der sogenannte „kleine Grenzverkehr“ zwischen Suhl und Würzburg genehmigt worden sei.*
- *daß aufgrund persönlicher Einladung des Höland in der Zeit vom 30.04.89 bis 03.05.89 ca. 4 Suhler Bürger zu Besuchsaufenthalten in Würzburg waren. Im Rahmen dieses Aufenthaltes erfolgte am 03.05.89 eine offizielle Begrüßung im Rathaus, ohne mit OB Dr. Zeitler zusammenzutreffen. Gleichzeitig wurden während des Aufenthaltes in Würzburg mit diesen Personen Gespräche durch Mitarbeiter des Bayerischen Rundfunks geführt.*
- *daß in Veröffentlichungen der lokalen Presse am 21.04. und 22.04.89 vom Redakteur der „Mainpost“ Flade unter Bezugnahme der Kontakte des H. nach Suhl auf der Grundlage von erhaltenen Postsendungen dargestellt wird, daß nur von Würzburger Seite Kontakte auf unterster Ebene aktiviert werden würden, um eine Partnerschaft im Sinne der „deutsch-deutschen Beziehungen“ zu ermöglichen.*

Aus der Stadt Suhl liegen bisher Hinweise auf 68 Einzelpersonen/ Familien vor, die Kontakte zu H. aufgenommen haben. Dabei kam es durch die Personen G.H. und H.A. aus Suhl zu persönlichen Kontakten mit H. (30.04.–03.05.89).

Als Initiator des sogenannten Freundeskreises Suhl – Würzburg organisierte Höland zunehmend für interessierte Bürger aus Würzburg briefliche Kontakte zu Suhler Familien. Höland und seine Ehefrau unterhalten selbst briefliche Kontakte zur der Familie W. Durch Höland wurde für den 17.06.1989 ein besuchsweiser Aufenthalt bei der Familie W. angekündigt.

Während des Aufenthaltes offizieller Delegationen in Würzburg, entsprechend des vereinbarten Jahresprotokolles zur Städtepart-

nerschaft, wie z.B. Austausch einer Arbeiterdelegation und Austausch Jugendreisegruppen, trat H. nicht in Erscheinung.

Hinweise auf feindlich-negative Aktivitäten der mit H. in Verbindung stehenden Bürger der Stadt Suhl liegen bisher nicht vor.

Zur weiteren Klärung der operativ-bedeutsamen Anhaltspunkte werden in Ergänzung des Maßnahmenplanes vom 10.04.89 folgende Maßnahmen vorgeschlagen:

2. *Einsatzmöglichkeiten im Rahmen des sogenannten Freundeskreises Suhl – Würzburg*

2.1 *Einsatz und Instruierung des IMB „Pfeil" mit dem Ziel:*
   + *der Kontaktaufnahme zu Höland und des Etablierens in den Freundeskreis als Mitglied.*
   + *der Erarbeitung von Informationen zur Person des H., seiner Ehefrau sowie zu Plänen/Absichten und Aktivitäten des FK.*

2.2 *Aussprache mit der Person H. mit dem Ziel der Abschöpfung zu Verwandten in Würzburg bzw. zu seinem Aufenthalt persönlich entsprechend vorliegender Konzeption.*

2.3 *Erarbeitung einer Aussprachekonzeption mit der Person zur Prüfung einer operativen Nutzung zur Durchführung der OPK „Drahtzieher".*

2.4 *In Abstimmung mit der BV Suhl Abt. XVIII prüfen der Möglichkeit einer B-Maßnahme zur Person des W. bei weiteren privaten Einreisen des Höland nach Suhl.*

3. *Klärung der persönlichen Kontakte der Fam. H. nach Marksuhl, deren Charakter und Intensität in Zusammenhang mit der BV Erfurt/ KD Eisenach mit dem Ziel der Prüfung zur operativen Nutzung zur Durchführung der OPK.*

4. *Vorbereitung Verunsicherungsmaßnahmen in der Familie des H. nach Aufenthalt am 17.06.89 in Suhl bei der Familie W. in Abhängigkeit der abgestimmten op. Maßnahmen mit der BV Suhl Abt. VIII.*

5. *Erarbeitung eines Zwischenberichtes und Ableitung weiterer Maßnahmen.*

Operativer Mitarbeiter
M., Hauptmann

Bei Reisen in die DDR standen Bernd Höland und seine Frau Birgit ab sofort unter strengster Beobachtung. Es ging hier nur um zwischenmenschliche Kontakte, aber die Staatssicherheit sah ihn als politisch gefährlich an.

OPK „Drahtzieher"
Höland, Bernd
Höland, Birgit

Quelle:
– Abt. VI/IM
– Abt. VIII
– Abt. M

Die Familie HÖLAND reiste am 16.06.1989 über die Grenzübergangstelle Wartha aus privaten Gründen in die DDR ein. Beide hielten sich ausschließlich in Suhl bei der Familie W. auf.
Während ihres Besuches in Suhl nahmen sie weitere persönliche Kontakte zu ausgewählten Mitgliedern des sogenannten Freundeskreises Suhl – Würzburg auf.

Nach bisher vorliegenden Erkenntnissen äußerte H., daß er nichts mehr mit dem Freundeskreis zu tun hätte, denn alle Anschriften von Personen aus Suhl, die er für den Freundeskreis gewinnen konnte, seien an Familien in Würzburg übergeben worden. Er sei lediglich noch Anlaufpunkt bei der Klärung von Problemen, die auftreten würden.

OPK „Drahtzieher"
Höland, Bernd

Quellen:
– Abt. VIII
– IMS „Bernd Heinrich"
– Abt. VI

Höland reiste am 16.09.89 erneut aus privaten Gründen in die DDR ein. Während seines Aufenthaltes in Suhl (18./19.09.) sprach er im Rat der Stadt vor. Nach eigenen Angaben beabsichtigt er, den bereits bestehenden Reiseverkehr im Rahmen des „Freundeskreises" weiter zu aktivieren. Dazu wollte er den OB von Suhl bitten, die Aktivitäten des Stadtrates von Würzburg zur Einbeziehung in die VTA-Zone zu unterstützen. Er habe sich diesbezüglich auch schriftlich an den Generalsekretär Genosse Honecker gewandt.

ARD-Preis für deutsch-deutsche Berichte interessiert die Stasi

Im März 1989 verlieh mir die ARD in Frankfurt den „Kurt-Magnus-Preis“, eine Auszeichnung für junge Journalisten. Ich bekam ihn nicht zuletzt für meine deutsch-deutschen Aktivitäten im mainfränkischen Regionalprogramm, das ja auch in Südthüringen von vielen Menschen verfolgt wurde und eine Brücke über den „Eisernen Vorhang“ hinweg war, vor allem durch die „Nachrichten aus Südthüringen“, die wir seit einiger Zeit regelmäßig im Programm hatten – Nachrichten aus Städten und Dörfern, die viele Unterfranken noch aus der Zeit vor der Grenzziehung kannten. Oft lebte dort heute noch Verwandtschaft. Die Informationen dazu bekam ich aus geschmuggelten Lokalzeitungen. Ich hatte Menschen aus der Rhön oder aus den Haßbergen, die im Rahmen des kleinen Grenzverkehrs oft „drüben“ gewesen sind, gebeten, mir diese Zeitungen mitbringen. Die DDR-Grenzer nahmen ihnen die DDR-Blätter nicht ab. Sie enthielten nicht nur Propaganda, sondern auch Meldungen aus dem Alltag der Menschen. Zunehmend auch Kritisches, zum Beispiel wenn seit Wochen auf dem Lande wieder mal keine „Südfrüchte“ zu bekommen waren. Und so tauchte ich im Tagesbericht der Staatssicherheit mit dieser Notiz auf:

> ***Tagesbericht vom 16.03.1989***
>
> *inoffiziell: Preisverleihung an den Journalisten Schellenberger, Eberhard*
>
> *Durch eine Quelle wurde darüber informiert, daß in einer Mittagssendung der „Welle Mainfranken“ des Programms Bayern II gemeldet wurde, daß der Journalist Schellenberger, Eberhard Redakteur Welle „Main-Franken“ Würzburg mit einem Preis (Magnus-Preis o.ä.), welcher mit 50 000,- DM dotiert ist, ausgezeichnet wurde oder werden soll. Diese Auszeichnung erfolgt vor allem im Zusammenhang mit seinem journalistischen Engagement zur Verbesserung der „deutsch-deutschen Beziehungen“, Eintreten für die Städtepartnerschaft Würzburg – Suhl und anderes.*
>
> *Maßnahmen: Information an Abt. II und KD Suhl.*
>
> ***Abteilung VI Suhl 06.04.1989/Tagesbericht vom 06.04.1989***
>
> *inoffiziell: Information zu Schellenberger, Eberhard / Ergänzend zum Tagesbericht vom 16.03.1989*

In einer durch eine Quelle mitgehörten Sendung des Bayerischen Rundfunks/Studio Würzburg am 29.03.1989 von 11.30–12.30 Uhr wurde nochmals über die Auszeichnung des Schellenberger, Eberhard, Redakteur Bayer. Rundfunk, Studio Würzburg, mit einem Preis berichtet.

Der Sendung war zu entnehmen, daß es sich bei der mit 50 000 DM dotierten Auszeichnung um den Kurt-Magnus-Preis handelt. Kurt Magnus gilt in der BRD als der „Vater des öffentlich-rechtlichen Rundfunks".

Schellenberger sei überrascht und erfreut gewesen. Er sei ein kritischer Analytiker mit viel Sicherheit bei Live-Sendungen mit einem Blick für die „deutsch-deutsche Verständigung". Er unternimmt selbst Fahrten nach Thüringen, er hat in der DDR viel gehört und erfahren, er gibt seinen Hörern Tipps für dort stattfindende Konzerte und befaßt sich mit seltenen Handwerksberufen.

Trotz der hohen Auszeichnung möchte er weiter im Regionalbereich Unterfranken arbeiten. Hier kenne er seine Heimat, weiß auch, wie der Hörer aussieht, kennt auch die Mißstände.

Maßnahmen: Information an Abteilung II

Hier wäre noch zu ergänzen, dass das Preisgeld von 50 000 DM nicht allein für mich gewesen ist, sondern dass es sich unter den zehn Preisträgerinnen und Preisträgern aus allen Landesanstalten der ARD aufteilte.

Der „schnelle Meyer"

Am 11. September 1989 öffnete Ungarn die Grenze nach Österreich für DDR-Bürger. Tausende machten sich gleich in der Nacht auf den Weg nach Westdeutschland. Allen voran der Ostberliner Kantinenwirt Gerhard Meyer. Er war zusammen mit seiner Ehefrau Nicole und den Töchtern Denise und Myriam auf Urlaub in Ungarn. Als die Familie von der Öffnung der Grenze in Richtung Westen erfuhr, entschieden sie sich spontan für die Flucht.

Mit seinem japanischen Sportwagen raste er durch die Nacht in Richtung Bayern. Uns Reportern hat er später erzählt, den Wagen auf dem Schwarzmarkt in der DDR gekauft zu haben. In den frühen Morgenstunden erreichte die Familie den Grenzübergang Passau-Stuben, erwartet von vielen Fernsehteams. Die Journalisten hätten ihn wohl fast übersehen. Sie hielten nach Wartburgs oder Trabis Ausschau, und es kam ein Toyota. Aber Gerhard Meyer kurbelte rasch sein Autofenster herunter. In den Frühsendungen des Fernsehens berichtete er glücklich von seiner Flucht, und es wurde ihm gesagt, dass er die Bundeswehrkaserne im mainfränkischen Hammelburg anfahren soll. Das habe auch ich gesehen, also ab nach Hammelburg, um den „schnellen Meyer“ kennenzulernen.

Als ich am Vormittag des 11.09. die Kaserne erreichte, war Gerhard Meyer schon da. Die Familie hatte bereits ihr Zimmer bezogen, die Kaserne sollte in den nächsten Tagen vielen DDR-Bürgern als erste Unterkunft dienen. Gerhard Meyer stand an seinem japanischen Sportwagen, hatte die Motorhaube geöffnet und prüfte gerade den Ölstand, als ich das BR-Mikrofon auspackte. Er holte seine Frau und die Kinder, und dann haben die Meyers munter erzählt: Mit 200 Sachen sei er durch Österreich gebraust, und Ehefrau Nicole ergänzte im Berliner Dialekt: „Den hats nach der Freiheit jezogen.“ Viel Zeit blieb nicht, die aktuelle Reportage sollte noch in die Mittagssendung, ins BR-Gesamtprogramm, und auch viele ARD-Radiosender übernahmen die Reportage vom „Schnellen Meyer“.

Gerhard Meyer habe ich dann noch des Öfteren getroffen. Die Familie zog vom Auffanglager in den Haßfurter Stadtteil Sylbach. Er übernahm dort die Gastwirtschaft Schneider „mit fränkischen und Berliner Spezialitäten“. Die Gastwirtschaft hieß ab sofort „Haus der Deutschen Einheit“, und sogar die ARD-Tagesthemen berichteten davon. In der Wirtsstube hing eine alte DDR-Fahne an der Wand. Hammer und Zirkel hatte Gerhard Meyer entfernt. Als Jahreszahl standen dort 1989 und 2000. Das war das Jahr, in dem der „schnelle Meyer“ die Wiedervereinigung vermutete.

Die kam aber bekanntlich am 3. Oktober 1990. An sich ein glücklicher Tag, aber für die Familie Meyer wurde er zum Unglückstag. Die Meyers waren zur Feier der deutschen Vereinigung in ihre Heimat Berlin gereist. Ein Autofahrer fuhr in die Menschenmenge, Nicole Meyer wurde schwer verletzt. Ein halbes Jahr lag sie in der Klinik. Gerhard Meyer verließ notgedrungen Sylbach und ging wieder nach Berlin. Es wurden 14 Jahre, bis er mit seiner Frau nach Österreich weiterzog, dort führt ihre Tochter Myriam ein Hotel. Immer wieder bekam er in den letzten Jahren Besuche von Journalisten oder erzählte am Telefon Radiosendern, wie es damals war, als er am Morgen des 13. September 1989 durch Österreich in die Freiheit raste. Und seine Erlebnisse hat er inzwischen auch in einem Buch veröffentlicht: „Der schnelle Meyer – Mit Vollgas ins Leben“.

Schlagabtausch zwischen den Stadträten Ost und West

Viele deutsch-deutsche Städtepartnerschaften wurden im Sommer 1989 „eingefroren". Die Fluchtbewegungen von DDR-Bürgern über die Tschechoslowakei (Prag) und Ungarn waren die Ursache. Der Machtapparat der DDR war in Aufruhr, Tausende gingen in allen Bezirken der DDR vor allem am Montag auf die Straße, so auch in Suhl, Meiningen oder Hildburghausen. Offizielle „BRD-Delegationen" aus Partnerstädten störten da nur, und Delegationen aus der DDR in bundesdeutsche Städtepartnerschaften waren nicht nur der Staatssicherheit „zu unsicher".

Das Programm der offiziellen Städtepartnerschaft Suhl – Würzburg lief hingegen noch. Lag es daran, dass Suhl weitab von Ost-Berlin lag? Oder dass sich die beiden Oberbürgermeister Klaus Zeitler (Würzburg) und Joachim Kunze (Suhl) auch menschlich gut verstanden, abseits der unterschiedlichen politischen Anschauungen?

Und so gab es am 25. September 1989 inmitten der Fluchtbewegungen von Ost nach West im Suhler Rathaus einen regelrechten Schlagabtausch zwischen den Stadträten aus Ost und West. Das Suhler Gespräch im „Kabinett" des Rathauses, ein runder Tisch, ausgestattet mit einzelnen Mikrofonen. Das brachte mich als Berichterstatter in die Zwickmühle. Wie mitschneiden? Ein Rathausbediensteter half mir überraschend unkompliziert. Ich gab ihm meine Kassetten, folgte ihm zu einer Wand, er zog einen Vorhang zur Seite, und dort befanden sich zahlreiche aufgereihte Kassettengeräte. In die legte er meine Kassetten. So bekam ich einen exzellenten Mitschnitt, den ich heute noch habe und der es mir ermöglicht, die nun heftige Diskussion in Ausschnitten wörtlich wiederzugeben. Nach der Wende habe ich erfahren, dass hier wohl auch die Staatssicherheit immer mitgeschnitten hatte. Noch ahnte keiner, weder in Ost noch West, dass sechs Wochen später die Mauer fiel, aber Nervosität und Unsicherheit waren überall zu spüren. Und in der Akte „Antenne" ist zu diesem Aufenthalt im Rahmen der Städtepartnerschaft nichts zu finden, ein Zeichen dafür, dass es auch hinter den Kulissen bei der Staatssicherheit turbulent zuging.

Zunächst SED Funktionär Morgenrot:
„Ich erinnere an den Medienrummel um diejenigen, die glauben, das Glück dieser Erde in Ihrem Lande zu finden. Wobei ich hier sehr deutlich sage und auch sehr nachdrücklich sage, dass wir noch stärker darüber nachdenken müssen, weshalb Menschen und auch viele junge

BILD 34 Das „Rote Rathaus" von Suhl – Schauplatz von heftigen deutsch-deutschen Diskussionen einige Monate vor der Wende zwischen den Stadträten von Suhl und Würzburg.

Menschen soziale Sicherheit und Geborgenheit gegen eine zumindest ungewisse Zukunft eintauschen. Das ist aber gewiss nur die eine Seite, die andere Seite ist die, daß Gefahren für den Entspannungsprozess vor allem daraus erwachsen, was mit Hoffnungen, Sehnsüchten und auch ein gerütteltes Maß an Illusionen Missbrauch getrieben wird."

Gerhard Franke, SPD-Fraktionsvorsitzender im Würzburger Rathaus:
„Haben Sie denn nicht Probleme? Haben Sie es denn nicht gesehen? Wollen Sie das so abhandeln, wie sie es gerade gemacht haben? Die jungen Leute laufen Ihnen scharenweise davon! Ist es damit getan? Wollen Sie nicht in sich gehen und sagen, es hat doch Ursachen, daß diese jungen Leute bei Nacht und Nebel davonlaufen, über die Elbe schwimmen? Das kann man doch nicht mit dem Hinweis abtun, 10,9 Millionen sind noch dageblieben. Sie haben Probleme. Sie haben große Probleme. Und ich kann Ihnen nur eins sagen. Nehmen Sie den neuen Wind wahr. Nehmen Sie ihn wahr, den Gorbatschow zumindest verspricht zu geben. Und wir dürfen nicht froh sein, wenn jetzt 20 000 über Nacht kommen. Lauter junge Leute, nicht schadenfroh. Soll denn die DDR eine Steppe werden? Will das jemand? Will denn jemand von uns ernsthaft, daß die Leute weiter flüchten? Die werden gebraucht."

Winfried Kuttenkeuler, CSU-Fraktionsvorsitzender im Würzburger Rathaus und seine Definition von Freiheit:
Freiheit bedeutet, daß wir nicht nur innerlich und äußerlich frei sind, sondern daß wir frei sind für gegenteilige Meinung. Frei, Ihre Bürger im Urlaub auch mal dorthin fahren zu lassen, wo sie derzeit nicht hinkönnen. Das ist für mich das Erschütterndste gewesen, wenn 18- oder 19-jährige Jugendliche als einziges Argument angeben, warum sie jetzt über Ungarn zu uns gekommen sind, sie möchten auch mal nach Italien und Spanien reisen.

Nach CSU-Mann Kuttenkeuler kam Martin Kummer von der Ost-CDU. Er wurde nach der Wiedervereinigung Suhler Oberbürgermeister. Damals gehörte er der Ost-CDU an, die in ihrem Verhältnis zur Sozialistischen Einheitspartei Deutschlands (SED) oft auch als „Blockflöte" bezeichnet wurde.

Der Suhler Martin Kummer berief sich auf die Bibel:
„Als Christ kann ich erinnern an das Wort des Apostels Paulus aus dem Römerbrief. Daß nämlich Geduld auch in partnerschaftlichen Beziehungen zur Erfahrung führt. Ich würde es mal abwandeln: Erfahrung

führt zu Hoffnung. Und Hoffnung, das ist ein ganz wichtiges Wort. Auch aus dieser Bibelübersetzung will ich mal sagen, laßt uns sie nicht zerstören. Aber dann bitte schön auch nicht durch das, was hier immer wieder auftritt. Was ich auch durch Ihre Medien auch in unserer Stadt hören und ständig erleben muß. Daß Kampagnen gegen unser Land gefahren werden. Die CDU in der DDR sagt: Wir wollen auch diejenigen Mitbürger erreichen, die aus sehr unterschiedlichen Gründen glauben, hier keine Chancen zu haben, die resignieren oder dabei sind, sich innerlich schon zu verabschieden."

Und dann Petra Kiepe von der FDJ, der Freien Deutschen Jugend:
„Wir glauben, dass es für viele vielleicht der einfachere Weg ist, der problemlose Weg, anstatt sich den Aufgaben zu stellen, die wir bei uns in unserer Republik zu lösen haben. Warum gehen sie weg, unsere jungen Menschen oder einige junge Menschen und vor allen Dingen die Frage: Wie können wir zukünftig besser arbeiten? Und so bin ich eigentlich auch zuversichtlich, daß wir darüber sprechen können, wie wir die Reisemöglichkeiten für unsere Jugendlichen weiter ausbauen können."

Brisante Situation auf der Mainfrankenmesse

Im Herbst 1989 reiste gemäß Partnerschaftsvereinbarung ein Suhler Musik- und Gesangsensemble aus Südthüringen nach Mainfranken, um auch auf der Mainfrankenmesse aufzutreten. Der Bayerische Rundfunk hatte wieder sein Messestudio mit Bühne, von dort kam die Mittagssendung live im Radio. Und für diese Sendung am 1. Oktober 1989 war ein Auftritt mit Interview live in der Sendung geplant. Eine Stunde vor der Mittagssendung wurde es hinter der Bühne plötzlich brisant. Auch in den Umkleideräumen waren Bildschirme aufgestellt, die das Bühnengeschehen zeigten. Am unteren Bildschirmrand lief ein Nachrichtenband mit aktuellen Meldungen. „Erster Zug mit DDR-Flüchtlingen erreicht Unterfranken, sie kommen in die Bundeswehrkaserne nach Hammelburg" war dort zu lesen. Das verfolgten mit versteinerten Mienen auch die Begleiter der Suhler Musikanten, vermutlich Mitarbeiter der Stasi. „Dieser Schriftzug muss weg, sonst treten die Musiker nicht auf", sagte mir einer der Offiziellen. Ich musste meine Antwort nicht lange überlegen: „Der Schriftzug bleibt, wenn Sie die Musiker nicht auftreten lassen, dann ist es Ihre Entscheidung, ich werde aber dann in der Sendung auch sagen, warum die Musiker nicht auftreten dürfen." Stille, Beratung. Dann noch einmal ein Gespräch.

Jetzt ging es um den Inhalt des geplanten Interviews. Da ich bereits vor diesem sich anbahnenden Eklat vorhatte, keine politischen Fragen zu stellen, konnten wir uns rasch einigen. Es soll nur um die Musik und das Ensemble gehen. Und so kam es dann auch. Auftritt der Suhler Musikanten. Sie spielten und sangen das Rennsteiglied, danach Interview, keine politischen Fragen. Abtritt der Suhler. Den Menschen in der Messehalle und am Radiogerät habe ich dann aber in der Sendung noch kurz erläutert und um Verständnis gebeten, dass ich keine Fragen zur derzeitigen Situation stellen wollte, um die Gäste aus Suhl nicht in Gefahr zu bringen.

MAUERFALL
DIE NACHT DER WENDE

„Man hat drei Worte so häufig heute gehört: ‚Ich glaube es nicht!' – ‚Das darf nicht wahr sein!' – ‚Wunderbar!' Es war irgendwie schon ein erhebender Augenblick, dabei sein zu können, das erleben zu dürfen, was da sich so abspielt. Die Leute waren so glücklich. Mit ‚Grüß Gott, Bundesbürger' haben sie uns begrüßt an der Grenze."

9./10. November 1989 – die Nacht des Mauerfalls

Was Peter Hartmann, Reporter des Bayerischen Rundfunks, am Morgen des 10. November 1989 vom deutsch-deutschen Grenzübergang Eußenhausen-Meiningen meldet, klingt für die Menschen auf beiden Seiten von Metallgitterzaun und Minenfeldern unglaublich. Die Bilder aus Berlin haben sie alle gesehen im Fernsehen. Angefangen von der Pressekonferenz des SED-Politfunktionärs Günter Schabowski bis hin zu den Jubelszenen auf der Mauer. Ganz beiläufig hatte Schabowski die Reisefreiheit für DDR-Bürger verkündet. Aus Versehen einen halben Tag zu früh. Und so geschah alles ungeplant. Zum Schrecken der DDR-Grenztruppen. War die Unsicherheit in Ostberlin schon groß, so dauerte es in der Provinz noch erheblich länger, bis die Grenze fiel. Und dann gab es Szenen, die keiner vergisst, der dabei war.

Es ist einer jener neblig-kalten Novemberabende in der Rhön. Und doch gibt es schon am frühen Abend etwas Abwechslung. Für Fred Schmidt von der bayerischen Grenzpolizei ist es seine letzte Nachtschicht vor der Pensionierung. Es gibt sogar ein Gläschen Sekt. Nebenbei läuft der Fernseher. Schließlich sind es aufregende Zeiten in der DDR. Drüben ist alles ruhig. Durch den Nebel leuchtet schwach das rote Licht der Stopplampen von der DDR-Seite herunter. Und dann die Pres-

BILD 35 **Am Morgen des 10. November 1989 um 03.40 Uhr gelang es dem ersten DDR-Fahrzeug visumfrei über den Grenzübergang nach Unterfranken zu kommen.**

sekonferenz des Günter Schabowski. Reisefreiheit ab sofort für DDR-Bürger. Bei Fred Schmidt und seinen Kameraden löst das noch keine Unruhe aus: „Ich persönlich war überzeugt, dass sich in der Nacht nichts tut, so wie ich die Kollegen da drüben gekannt hab, habe ich gedacht, in der Nacht rücken die keinen Stempel heraus", berichtete er später. Bis sein Kollege plötzlich hereinkam: „Du, da bahnt sich was an."

In Escherndorf am Main hat sich Wolfgang Kraemer, damals Kameraassistent beim BR-Fernsehen, auf einen ruhigen Abend eingerichtet. Aber schon kurz nach der Schabowski-Rede kam der Anruf aus der Redaktion. Es geht ab an die Grenze, hoch in die Rhön. Zusammen mit dem Hörfunk- und Fernsehreporter Peter Hartmann und mit Kameramann Dieter Moser erreicht auch Wolfgang Kraemer den noch menschenleeren Grenzübergang. „Es war trist, es war dunkel, es war neblig, es war kalt. Es war richtig unwirklich. Es war eine Spielfilmszene, die man eigentlich so gar nicht hätte stellen können." Die BR-Fernsehleute stellen erst mal Licht auf, damit die ersten Autos in der düsteren Szenerie auch zu sehen sind. 15 Meter Kabel werden gelegt, es ist inzwischen 03.40 Uhr in der Früh, als sich das erste Auto vom Grenzübergang her nähert.

Zunächst bleibt das Auto kurz vor dem Grenzübergang stehen, die Scheinwerfer irritieren zunächst den Fahrer. Dann fährt er doch weiter. Und plötzlich passiert etwas Unerwartetes in dieser historischen Situation für den deutsch-deutschen Grenzübergang in der Rhön. Der Trabi fährt über die Steckverbindung des BR-Kabels. Kameraassistent Wolfang Kraemer: „Es gab einen lauten Schlag, und das Licht war aus." Was für eine urkomische Situation in einem Moment, der Geschichte schreibt. Das DDR-Auto setzt nochmal zurück, Licht an, und jetzt nochmal. Es funktioniert!

Die DDR-Bürger hatten ein mehrstündiges Ringen mit den DDR-Grenztruppen hinter sich. Heilloses Durcheinander herrschte am Hinterlandzaun, fünf Kilometer vom Grenzübergang entfernt. Dieses Ereignis stand nicht im Handbuch für DDR-Grenztruppen. Die Telefonleitungen nach Ostberlin waren zusammengebrochen. Und jetzt kamen da erste Autos an den fünf Kilometer von der Grenze entfernten Hinterlandzaun!

Es gab brenzlige Situationen, berichten die Südthüringer aus dem ersten Auto am Grenzübergang ins BR-Mikrofon: „Wir sind so gegen 22 Uhr das erste Mal rüber gefahren an die Grenze. Nachdem dort nichts passierte, sahen wir auch keine Chance hinüberzukommen." Es war das einzige Auto, das es versuchte, und die DDR-Grenztruppen weisen es zurück. Als die DDR-Bürger nach drei Stunden noch einmal an die Grenze kommen, sind weitere Fahrzeuge dort, aber zunächst geschieht nichts. „Also ich habe jetzt genug von der Warterei", sagt dann ein DDR-Bürger und läuft los. Vom Wachturm kommt der Ruf: „Stehen bleiben, oder ich schieße." Der junge Mann läuft weiter, kommt dann aber zurück zu seinem Auto, weil ihm fünf Kilometer dann doch zu weit sind. Der Grenzer vom Turm schoss nicht, obwohl nach wie vor Schießbefehl herrscht. Zu groß ist die Hilflosigkeit. Die Bürgerdemonstrationen auch in Meiningen und Suhl zeigen Wirkung. Und so kommt das erste Auto mit DDR-Kennzeichen genau um 03.40 Uhr auf bayerischer Seite an, und der Fahrer sagt ins BR-Mikrofon: „Ich möchte sagen, dass wir, diese Gruppe von diesem Auto, die Vorkämpfer der Demokratie am Meininger Grenzübergang waren und sind und die ersten waren, die da rüber gefahren sind aufgrund der uns erkämpften Rechte, obwohl wir verhindert worden sind, aufs Äußerste."

Auch das nächste Fahrzeug, das aus Richtung Meiningen den Grenzübergang erreicht, hatte es nicht einfach bei der Kontrolle am Hinterlandzaun: „Wir mussten kämpfen, eine dreiviertel Stunde. Ein Hauptmann wollte uns wieder zurückschicken. Dann haben wir gewartet, bis ein Major da war, und der gab das Kommando, dass wir fahren können." Alle, die in dieser Nacht noch kommen und nur mal schnell rüber die sieben Kilometer ins unterfränkische Mellrichstadt wollen, möchten vom bayerischen Grenzpolizisten wissen, ob es funktioniert. Der schaut kurz in den Pass, das war es. „Sie können fahren“, sagt der bundesdeutsche Beamte. Fassungslosigkeit beim Südthüringer: „Das gibt‘s nicht! Schönen Tag!“ Völlig aufgelöst steigt er in seinen Trabant. Nervös steckt er Pass und Fahrzeugpapiere ins Handschuhfach. Und jetzt? Jetzt kann er tatsächlich Gas geben und in Richtung Westen brausen. Mit Rückkehrgarantie.

Die bundesdeutschen Behörden sind sich jetzt auch in der fränkischen Provinz sicher, dass da eine Lawine aus Thüringen auf das bayerische Gebiet zurollt. Walter Mitnacht vom Zoll wird geweckt: „Um 5 Uhr hat mich ein Kollege unserer Nachtschicht aus dem Bett geholt und mitgeteilt, hier oben tut sich was. Die kommen mit Trabis, Motorrädern und auch zu Fuß über die Grenze rüber, haben kein Visum und nichts und führen regelrechten Veitstanz auf, umarmend, jaulend und sind überglücklich. Ich habe dann gesagt, macht mal so weiter. Bei uns brauchen die Bürger aus der DDR kein Visum.“

Auch Rhön-Grabfeld-Landrat Fritz Steigerwald verschläft die historische Nacht nicht. Er war am Abend noch dienstlich unterwegs. Als er um halb zwei Uhr in der Früh nach Hause kam, lag am Tisch ein Zettel seiner Frau. Die Polizei hätte angerufen, die Grenze wurde heute Nacht aufgemacht, er soll sich sofort melden. Um halb fünf fährt er an die Grenze, nachdem er hörte, dass die ersten Autos aus der DDR angekommen seien. Landrat Steigerwald: „Wir haben gedacht, eine große Absetzbewegung sei im Gange mit Kindern, mit älteren Menschen. Es war aber nicht so. Es waren junge Leute und die Ersten, die ich gesehen habe, die fielen uns in die Arme.“ Die da jetzt aus den Trabis aussteigen, sind vom Reichsbahnausbesserungswerk in Meiningen. Sie küssen den Boden, sie stoßen Jubelschreie aus, sie singen: „So ein Tag, so wunderschön wie heute“. Mit ihren Blaumännern kommen sie direkt aus der Nachtschicht in Meiningen. Die ganze Nacht über haben sie die Berichte von der Grenzöffnung und dem Mauerfall in Berlin gehört, und jetzt wollten sie es gleich mal auch bei ihrem Grenzübergang „ausprobieren“. An der Grenze kamen sie erst nicht weiter, weil sie kein DDR-Schild auf dem Fahrzeug hatten. Sie konnten eines kaufen, was sonst nie ging – und jetzt? „Wir trinken drüben mal einen Kaffee. Wir werden ein bisschen herumfahren, und dann geht’s wieder zurück.“

Die Trabischlange am Grenzübergang wird immer länger, als die Sonne durch den Nebel bricht. Wolfgang Kraemer vom BR-Fernsehen hat die Szene noch Jahre später genau in Erinnerung: „Der leichte Nebel, der noch in der Luft lag, dann die Dämpfe und der Trabigestank, das

Ganze bei Sonnenaufgang." Die aufwachenden Mellrichstädter reiben sich verwundert die Augen, als sie aus dem Fenster blicken: Der Marktplatz voller Trabis, Ladas und Wartburgs. Die DDR-Bürger sind sofort umringt. Deutsch-deutsche Gespräche, Zukunftsvisionen, Mutmaßungen an einem historischen Morgen.

Deutsch-deutsche Sprachfetzen ins BR-Mikrofon:

„Wahnsinn ist das, ich kann das gerade nicht begreifen."
„Die Bevölkerung mit ihren Füßen hat das erreicht auf der Straße, deswegen können wir alle sagen, wir haben dazu beigetragen."
„Wir sind so überwältigt von der ganzen Sache. Wir hätten nie geglaubt, dass es so kommt. Vor einem Monat hätte keiner damit gerechnet, viele werden gerne wieder heimfahren."
„Das Volk ist es gewesen."

Reporter des Bayerischen Rundfunks stehen selbst mit feuchten Augen am Grenzübergang und schildern in Live-Schaltungen fasziniert die Ereignisse, so wie BR-Reporter Joachim Langer am darauffolgenden Montag in der regionalen Mittagssendung:
„Hier hat sich gerade eine bewegende Szene abgespielt. Hier ist ein rotes Auto über die Grenze gefahren, und kaum hat das Auto diesen weißen Strich passiert, hier am Häuschen, wo die Beamten drinstehen, ist die Frau auf dem Beifahrersitz weinend zusammengebrochen. Sie konnte es offensichtlich nicht fassen, jetzt tatsächlich in der Bundesrepublik zu sein."

Und die Bayern 3 Verkehrsredaktion meldet Unfassbares von einem Fleck, an dem sonst eine Handvoll Autos hinüber- und herübergefahren ist:
„Die B 3 Verkehrsredaktion meldet, am Grenzübergang Eußenhausen-Meiningen zwölf Kilometer Stau, das sind fünf Stunden Wartezeit in Richtung Bayern. Und auf der Bundesstraße 19 in Mellrichstadt sieben Kilometer Stau, das sind eineinhalb Stunden Wartezeit in Richtung DDR."

Engpass am ersten Wochenende nach Öffnung der Grenze in Mellrichstadt bei Bananen. Die Lebensmittelketten fahren aus dem Rhein-Main-Gebiet tonnenweise selbst am Sonntag die Südfrüchte an, die Banane wird zum Symbol des Westeinkaufs, meist bezahlt mit den 100 Mark

Begrüßungsgeld. Auch die Banken haben zunächst Probleme, die Millionen, die sich summieren, in die Rhön zu schaffen.

Die bundesdeutschen Grenzbeamten ziehen nach zwei Tagen Grenzöffnung Bilanz: Seit Freitag früh 3 Uhr 40 kamen über 50 000 Einreisende aus der DDR in die Bundesrepublik. Etwa so viele sind auch wieder zurück, sagt ein bundesdeutscher Beamter und merkt noch augenzwinkernd an: „Ein paar fehlen noch."

Überall entlang der Grenze zur DDR bekommt der Zaun Löcher. Unterfränkische und thüringische Nachbardörfer begegnen sich wieder direkt. Obwohl in Sichtweite und nur wenige Kilometer voneinander entfernt, gab es Jahrzehnte keine Kontakte.

Bei der Grenzöffnung zwischen Irmelshausen und Mendhausen sagt der ehemalige Landtagspräsident Johann Böhm aus Unsleben im Landkreis Rhön-Grabfeld: „Normalerweise ist der Frühling die Zeit, in der das Eis aufbricht, in der sich alles löst und öffnet. Aber wir leben in einer sehr eigenartigen Zeit. Jetzt ist es Winter, und trotzdem ist das Eis gebrochen. Nämlich das Eis einer sehr kalten Nachbarschaft. Die Zeit ist vorbei, in der man übereinander redet. Die Zeit ist wieder da, in der man miteinander redet. Und deswegen sollte man nicht sehr lange Ansprachen halten. Es ist die Zeit des Händedrückens, des sich Umarmens."

Auf den Rundfunkaufzeichnungen von damals ist das freudige Schluchzen der Menschen zu hören, es fließen Freudentränen, es wird applaudiert, und dann singen sie hörbar ergriffen „So ein Tag, so wunderschön wie heute".

Hunderte Trabis auf dem Würzburger Residenzplatz

Am ersten Wochenende nach dem Mauerfall erkunden die Menschen aus Suhl, Meiningen oder Hildburghausen das nahe Grenzgebiet im Westen, am zweiten Wochenende geht dann die Autoschlange Richtung Schweinfurt und Würzburg. Ein Bild für die Geschichtsbücher: hunderte Trabis und Wartburgs, aufgereiht auf dem Würzburger Residenzplatz. Schülerinnen des Siebold-Gymnasiums haben ein Infoblatt entworfen: „Wo kaufe ich was ein? Wo bekomme ich günstig ein Essen? Was kann ich besichtigen?" Es wurde an den Einfallstraßen nach Würzburg verteilt. Durch eine Sondergenehmigung hatten die Geschäfte am Sonntag offen, so mancher DDR-Bürger wurde „von der Straße weg" zu Kaffee und Kuchen eingeladen, wie ein Suhler begeistert ins BR-Mikrofon erzählte: „Einfach fantastisch!" 4000 Besucher kamen aus der DDR an diesem zweiten Wochenende. 3000 holten sich im Büro für Bürgerhilfe das Begrüßungsgeld: 100 DM beim ersten Besuch, noch einmal 40 DM beim zweiten. Die Würzburgerinnen und Würzburger zeigten eine überwältigende Gastfreundschaft. Eine Übernachtungsbörse des Freundeskreises mit dem unermüdlichen Motor Bernd Höland machte es möglich.

Es gab rührende Geschichten. Ein Heidingsfelder meldete sich beim Freundeskreis, er sei zwar über das Wochenende nicht da, „aber der Schlüssel liegt unter der Fußmatte, und der Kühlschrank ist voll".

Auch wir im BR-Studio Mainfranken bekamen viel Besuch. So mancher Gast aus Südthüringen, der das Regionalprogramm des BR seit vielen Jahren hörte, wollte wissen, wie die Gesichter hinter der Stimme aussehen. Und auch die Kolleginnen und Kollegen aus dem Studio Suhl des DDR-Rundfunks kamen. Sie meldeten sich mit einer einstündigen Livesendung aus dem BR-Studio. Was jetzt plötzlich alles ging! Von uns gab es als Geschenk einen CD-Player. Es gab Tränen in den Augen, und wir waren eher verlegen, es war dieses etwas peinliche Gefühl, das ich schon von den DDR-Paketen her kannte. In der Zeit vor der Wende hatte ich eine Sendung über Herbert Roth, Komponist des Rennsteiglieds, bei einem Besuch in Suhl aufgenommen. Die 30-minütige Sendung lief im BR, und jetzt wollten sie auch die Kolleginnen und Kollegen im DDR-Rundfunk ausstrahlen. Kein Problem, sie konnten das Sendeband gleich mitnehmen. Es gab ein Honorar von 100 „Mark der DDR". Das holte ich mir in bar ab, gab es in der DDR aus, löste damit aber Ratlosigkeit beim Würzburger Finanzamt aus. Bei der Steuererklärung war zunächst unklar, wie dies zu verrechnen sei. Es gab dann doch eine Lösung, der Umtauschkurs war günstig für mich.

„Zwick mich!" – mit dem BR-Übertragungswagen am Suhler Weihnachtsmarkt

Ein Nachmittag Anfang Dezember 1989. Mein Reporterkollege Joachim Langer und ich sind in Suhl. Drei Wochen nach dem Mauerfall, wir sind nervös und aufgeregt. Ob er wohl kommt? Wir blicken in die Straße Richtung Meiningen, und: „Jaaaa!", da kommt er. Ein weiß-blauer Übertragungswagen des Bayerischen Rundfunks nähert sich dem Stadtzentrum. Egal, was die Menschen am Straßenrand gerade tun, sie unterbrechen ihre Tätigkeit, verfolgen ungläubig staunend die langsame Fahrt des omnibusgroßen Übertragungswagens. „Bayerischer Rundfunk????“, liest neben uns ein Suhler ganz laut vor. Einige klatschen, wir haben zum ersten Mal Gänsehaut und ich sage „Zwick mich, Joachim!“ Es hat also funktioniert. Wir haben den Mitschnitt einer Sendung vom Suhler Weihnachtsmarkt beantragt, und er wurde ziemlich schnell genehmigt. Sogar mit Übertragungswagen des BR. Auf diese Weise kommt es zur absoluten Premiere, denn ein Ü-Wagen des BR war noch nie in Suhl. Der Suhler Knabenchor wird für das Publikum und uns singen. Den Vertrag müssen wir über die Künstleragentur der DDR abschließen. Zahlbar in DM.

Einiges ist für uns Westler gewöhnungsbedürftig. Auf dem Suhler Weihnachtsmarkt gibt es keine christlichen Motive, hier kommt ja auch meist nicht das Christkind, sondern der Weihnachtsmann. Und auf großen Plakaten herrschen hier auch Eiskönigin und Väterchen Frost. Es duftet nach Thüringer Bratwürsten, aber die Sensation ist an diesem Nachmittag inmitten der ganzen Weihnachtsbuden der weiß-blaue Übertragungswagen des BR, immer wieder umlagert, und viele dürfen „mal schnell hineinspitzen“. Die Menschen freuen sich, dass wir gekommen sind, und wir spüren diese besondere Atmosphäre, sie berichten von ihren ersten Fahrten „nach drüben zu Euch“. Zugleich ist auch die Unsicherheit zu spüren, und manche stellen die Frage, was kommen wird.

Die Gedanken gehen ein paar Tage zurück. Da war im Rahmen des offiziellen Städtepartnerschaftsprogramms, das auch nach dem Fall der Grenzen durchgezogen wurde, der Würzburger Bachchor im Kulturhaus und Bachchorleiter Christian Kabitz schwärmte von der einmaligen Stimmung, die zu spüren war, zwei Wochen, nachdem die friedliche Revolution zigtausender DDR-Bürger auf der Straße die Öffnung der Mauer erzwungen hat.

So manche gesungenen Lieder bekommen plötzlich eine aktuelle Bedeutung. Tränen im Publikum, und eine Sängerin berichtet später dem BR-Reporter, bei dieser Bach-Motette hätte es ihr fast die Stimme verschlagen, und ihr seien nur noch Schauer über den Rücken gelaufen:

„Fürchte dich nicht, ich bin bei dir;
weiche nicht, denn ich bin dein Gott!
Ich stärke dich, ich helfe dir auch,
ich erhalte dich durch die rechte Hand
meiner Gerechtigkeit.“

So ähnlich erging es uns dann auch bei der Aufzeichnung unserer Sendung auf dem Suhler Weihnachtsmarkt. Wir sprachen mit vielen

Menschen – zum Beispiel mit denen in der Schlange am Bratwurststand – über ihre Gefühle. Sie erzählten davon, dass jetzt ein besonderes Weihnachtsfest käme. Sie seien froh und glücklich, auch wenn es die Ungewissheit gäbe, wie es jetzt mit der DDR weiterginge. Dass kein Jahr später beide Deutschlands vereinigt werden, daran wurde damals nicht einmal gedacht. Diese Dynamik war erst wenige Tage erstmals zu spüren, als Kanzler Helmut Kohl in Dresden am Trümmerberg der Frauenkirche sprach.

Ein Suhler Pfarrer war bei unserer Weihnachtssendung am Mikrofon, berichtete davon, dass in seiner Weihnachtspredigt, die er gerade schreibe, mehr denn je der Frieden und wie er in der aufgewühlten DDR-Gesellschaft zu bewahren sei, ein Kernthema werde. Der Suhler Knabenchor mit seinen wunderbaren Stimmen sang „Schneeglöckchen“ oder „Leise rieselt der Schnee“, aber auch „Maria durch ein Dornwald ging“.

Besonders ergreifend für alle war „1000 Sterne sind ein Dom“, ein Weihnachtslied aus der DDR, das Siegfried Köhler kurz nach dem Zweiten Weltkrieg komponiert hatte. Plötzlich wurde es still auf dem Weihnachtsmarkt, als die zarten Kinderstimmen mit diesem Text erklangen, der allen das Wasser in die Augen trieb:

1000 Sterne sind ein Dom
in stiller, weltenweiter Nacht.
Ein Licht blüht auf im Kerzenschein,
das uns umfängt und glücklich macht!

All dies Schweigen macht uns froh,
ein Leuchten durch die Herzen geht.
Und silbern schwingt der hohe Dom,
vom Hauch der Weihnacht still umweht.

Alles Dunkel sinkt hinweg,
wir haben unser Licht entfacht.
Es leuchtet uns zum neuen Jahr
in tiefer, sternverklärter Nacht.

Wenige Tage später sang der Suhler Knabenchor auch in der Würzburger Marienkapelle. Auch hier zeichnete der BR das Konzert auf, ausgestrahlt wurde es am 1. Weihnachtsfeiertag zusammen mit den Berichten aus dem Grenzgebiet von der Öffnung in West-Ost-Richtung. Jetzt durften auch Bundesbürger ohne Visum in die DDR einreisen.

Nach der Sendungsaufzeichnung vom Weihnachtsmarkt in Suhl hatten alle das Gefühl, ein besonderes Ereignis miterlebt zu haben. Mit Applaus wurden wir samt Übertragungswagen in der Suhler Innenstadt verabschiedet und an der Grenze nach kurzem Stopp und ohne große Kontrollen mit freundlichen Wünschen und „Schöne Feiertage!“ durchgewinkt. Da kam es noch einmal, das „Zwick mich mal“.

Visafreiheit von West nach Ost an Heiligabend

Zigtausend Trabis und Wartburgs sind im November und Dezember 1989 aus Südthüringen nach Unterfranken gefahren und wieder zurück. Aber der neuartige innerdeutsche Grenzverkehr ist einseitig. Von West nach Ost brauchen Bundesbürger nach wie vor ein Visum, Genehmigungszeit mehrere Tage. Immer wieder versuchen es einzelne Bundesbürger, scheitern aber am Grenzübergang Eußenhausen-Meiningen bereits am ersten DDR-Kontrollpunkt. Freundlich – das ist jetzt neu – werden sie gebeten zurückzufahren.

Am Vorabend des 24. Dezember 1989 soll es dann Visafreiheit für Bundesbürger geben. Die Bürger von Henneberg und den benachbarten Dörfern haben sich auf den 23. Dezember vorbereitet. Schon kurz hinter der Grenzabfertigungsanlage haben sie Stände mit Glühwein und Thüringer Bratwürsten aufgebaut. Mittendrin nach Öffnung der Kontrollanlagen die BR-Reporter Stephan Kirchner und Joachim Langer. Sie erleben eine turbulente Feiernacht.

BILD 36 **Nach der Öffnung der Grenze auch von West nach Ost an Weihnachten 1989, gab es in Südthüringen für die Gäste aus dem Westen überall kostenlose Thüringer „Begrüßungsbratwürste“.**

Gratisausschank von Glühwein, kostenlose Bratwürste ohne Begrenzung. „Heute wollen wir uns bedanken für den Empfang bei Euch und für die 100 DM Begrüßungsgeld", rufen die Bewohner der Grenzorte mit Tränen in den Augen den aus dem Westen heranfahrenden Menschen zu. Eine im wahrsten Sinne des Wortes grenzenlose Euphorie ist zu spüren.

Die Jahreswende 1989/90 wird deutschlandweit zum großen Fest. Auch unsere Familie erlebt ein unvergessliches Silvester. Besuch aus der DDR ist in Würzburg, Nachbarn und Freunde sind gekommen, es wird gelacht und gefeiert, und der Ausruf der Tage erklingt auch hier: „Wahnsinn!"

2000 Würzburgerinnen und Würzburger zu Gast in Suhl

Der 14. Januar 1990 war so ein Tag, da bleibt man lieber in der warmen Stube. Aber dieser 14. Januar 1990 war eben kein üblicher kalter Januartag. An diesem Tag waren 2000 Würzburgerinnen und Würzburger sehr früh schon auf den Beinen und unterwegs zum Residenzplatz. Dort standen über 30 Omnibusse, ihr Ziel: die Partnerstadt Suhl. Mittendrin ein aufgeregter, glücklicher Bernd Höland. Der Vorsitzende des Freundeskreises Würzburg – Suhl hatte „einen verrückten Plan". Aufregende Wochen seit dem Mauerfall lagen hinter ihm. Seit der Grenzöffnung am 9. November waren schon über 4500 Suhler in Würzburg besuchsweise und als Gäste bei Bürgern untergebracht. Und jetzt wollten sich die neuen Freundinnen und Freunde aus Suhl revanchieren. Es entstand der Plan einer besonderen Bürgerreise, eines „Würzburgtages in Suhl". Mit 32 Bussen fuhren die 2000 Menschen aus Würzburg los, ohne Formalität ging es durch den Grenzübergang Eußenhausen-Meiningen bis zum Rande des Suhler Stadtzentrums. Dort stellten sich die 2000 Würzburgerinnen und Würzburger zu einem langen Zug auf. Der Spielmannszug der Würzburger Ranzengarde führte die Kolonne an, mit dabei die Karnevalsgesellschaft und das Würzburger Prinzenpaar – es war ja Faschingszeit.

An der Kongresshalle warteten schon über 1000 Einheimische, begrüßten mit viel Applaus. Faschingsrufe waren zu hören: „Würzburg Helau!" und der Suhler Fastnachtsruf „Suhli! Suhli!", denn auch die Suhler Karnevalisten waren aufgezogen. Für Bernd Höland gab es gleich eine weitere Premiere. Die Volkspolizei stellte ihr Fahrzeug zur Verfügung, damit Bernd Höland über die Lautsprecheranlage des polizeilichen Dienstfahrzeugs eine Ansprache an die Gastgeber halten und organisa-

BILD 37 2000 Würzburgerinnen und Würzburger zogen mit dem Spielmannszug der Ranzengarde der Würzburger Karnevalisten im Januar 1990 in Suhl ein.

BILD 38 1000 Suhler Bürgerinnen und Bürger holten 2000 Besucher aus Würzburg am Congresszentrum zum Mittagsessen in den Familien ab. Organisationsdurchsagen gab es über den Lautsprecher am Fahrzeug der Volkspolizei.

BILD 39 **Bernd Höland, Vorsitzender des Freundeskreises (zweiter von rechts), konnte sein Glück über diesen Tag gar nicht fassen.**

torische Hinweise geben konnte. Denn nach der überaus herzlichen Begrüßung stand der nächste organisatorische Kraftakt an. Die Verteilung der 2000 Gäste aus Würzburg zum Mittagessen in rund 1000 Suhler Privathäusern. Bernd Höland: „Dabei sind sehr, sehr viele Freundschaften und Kontakte entstanden, die bis heute bestehen. Es gab in fast allen Haushalten das Gleiche zu essen." Natürlich „Hütes", also Thüringer Klöße.

Am Nachmittag dann ein großer, bunter Nachmittag mit Darbietungen aus beiden Städten. Auf den Tribünen über 3000 Menschen, die Gastgeber mit ihren Gästen bunt gemischt. Der neu gewählte Suhler Oberbürgermeister Kober begrüßt:

„Ich bin sehr stolz und glücklich. Ich bin froh darüber, dass ich Sie, liebe Freunde aus Würzburg, mit einem herzlichen Grüß Gott hier in unserer schönen Stadt Suhl begrüßen darf." Für einen SED-Mann ist dieses „Grüß Gott" bei einer offiziellen Begrüßung noch eher ungewohnt, aber es ist sowieso ein Tag, wie selten erlebt. Es gibt Faschingsdarbietungen aus Suhl und Würzburg, Thüringer Folklore und fränkische Blasmusik. Und dann singt der mitgereiste Würzburger Polizeichor zusammen mit der ganzen Halle aus vollen Kehlen: „So ein Tag, so wunderschön wie heute". Mittendrin ein Bernd Höland, der sein Glück gar nicht fassen

BILD 40 Suhl und seine Partnerstädte im In- und Ausland.

kann: „Dieser Tag ist für mich heute ein Traum, der vor drei Wochen bei mir im Kopf entstanden ist.“ Und auch die anderen Würzburger sind überwältigt von der Stimmung und der Gastfreundschaft: „Wir sind mit acht Personen bei Familie Schiller und ihrer Schwester untergekommen und wir haben sowas von Gastfreundschaft hier erfahren dürfen, dass wir überglücklich sind. Wir haben heute Nachmittag auf Brüderschaft getrunken und darauf, dass wir uns nicht aus den Augen verlieren. Es ist für uns heute ein toller Tag. Und wie schade, dass das nicht schon viel früher kam.“ Und das sah dann der Herr Schiller genauso: „Ich finde es wunderbar, was der Erwin jetzt eben schon erwähnte, wir sind alle per Du. Wir wollen jetzt genau so unsere Freiheit. Wir sind ein Deutschland. Wir sind auch zu jeder Demo gegangen. Es ist wunderbar!“

Der „Freundeskreis Würzburg – Suhl“ war noch viele Jahre aktiv. Erst im November 2021 wurde er durch seinen Gründer Bernd Höland aufgelöst. Er hatte seinen Zweck erfüllt und viele Menschen aus zwei deutschen Städten zusammengebracht. Jahrzehntelang gab es gemeinsame Reisen, Benefizkonzerte für bedürftige Menschen in Suhl und Würzburg, und es wurden vor allem viele Freundschaften geschlossen. Bernd Höland bekam das Bundesverdienstkreuz, und im Mai 2010 verlieh ihm die Stadt Suhl die Würde eines Ehrenbürgers. Was für eine Lebensgeschichte! Bernd Höland: „Erst war ich Staatsfeind, nun werde ich Ehrenbürger.“

Die DM kommt, und der BR-Reporter berichtet im DDR-Radio

Am 1. Juli 1990 kam die D-Mark in die DDR. Für den BR beobachtete ich damals den Währungstausch in Würzburgs Partnerstadt Suhl, berichtete live für die BR-Radioprogramme und überraschend auch für den Rundfunk der DDR.

Schon am 30. Juni, einem Samstag, sind in der Innenstadt von Suhl Veränderungen zu spüren. Fühlbare Spannung am großen Kaufhaus der Stadt und auch entlang der Geschäfte in der Fußgängerzone. Die Schaufenster sind verhängt, dahinter emsiges Treiben. Es wird umdekoriert. Aus vielen Läden sind die DDR-Produkte schlagartig verschwunden.

In den frühen Morgenstunden des Sonntags kommt ein großer Geldtransporter an, stark gesichert durch die Volkspolizei. Die Auszahlstellen sind in der großen Stadthalle von Suhl eingerichtet, so hofft man Chaos zu vermeiden. Schon vor Öffnung der Halle bilden sich lange Schlangen – das sind die DDR-Bürger ja gewohnt – es bleibt friedlich, und dann wird gezählt. 2000 DM gibt es maximal in bar pro Person, dafür mussten schon im Voraus Auszahlquittungen bei den DDR-Banken beantragt werden.

Dann fallen die Tücher von den Schaufenstern: Dahinter 100 Prozent Westwaren. Fernseher und Kühlschränke, Mikrowellen und Stereoanlagen. „Erst einmal gucken", sagt ein Suhler dem BR-Reporter. „Es gibt ja so viel zu sehen, das ist alles so bewegend." Auch in Unterfrankens Grenzregionen in Mellrichstadt oder Bad Neustadt hatte man sich für den Montag gewappnet. Kommt jetzt der große Kaufrausch der DDR-Bürger aus der Nachbarschaft? Er kommt nicht. Die Westwaren waren schnell in die DDR gelangt, da musste keiner sein Fernsehgerät im Westen holen. Nur wenige investieren sofort groß, aber es gibt auch Ausnahmen. „Ich habe meinen ganzen Kleiderschrank schon leer gemacht, das waren ja nur Lumpen im Vergleich zu diesem Angebot", sagt eine Frau.

Und dann hatte der Westreporter das Erlebnis, das ich in meinem gesamten Journalistenleben nie mehr vergessen werde: Ich hatte in Suhl übernachtet und wollte direkt aus dem Suhler Studio des DDR-Rundfunks für die Morgenprogramme verschiedener Wellen des Bayerischen Rundfunks berichten. Was vor einem Dreivierteljahr noch undenkbar gewesen wäre, das funktionierte jetzt ohne große Bürokratie. Zweimal hatte ich meinen Bericht live für den BR bereits abgesetzt und wollte gerade im Sprecherraum aufstehen, da meldete sich das Studio in Erfurt. Ich hätte da recht interessant berichtet mit schönen Tönen, ob ich das Ganze nochmal für den Rundfunk der DDR machen könne. Gleich und live. Ich musste erstmal schlucken. „Na klar, gerne", sagte ich. Und dann berichtete der einstige Klassenfeind vom BR – mit einer riesigen Gänsehaut. Und ich dachte mir immer wieder, was wir uns Ost wie West ja damals alle immer wieder sagten: „Wahnsinn!"

Bereits am 17. Juni 1990 hatten wir uns mit einer Livesendung in Bayern 2 live von der „Noch-Grenze" zwischen Maroldsweisach in Unterfranken und Hellingen in Südthüringen gemeldet. Hier war eine neue Straße zwischen West und Ost geteert worden. Zum letzten Mal war der 17. Juni ein arbeitsfreier Gedenktag, ab 1991 war es dann der 3. Oktober, der Tag der Einheit. Unser Übertragungswagen stand genau auf der Landesgrenze zwischen Bayern und Thüringen, hunderte Menschen waren aus den umliegenden Dörfern gekommen und mit mir am Moderatorenmikrofon Steffi Hammer, meine Kollegin vom Rundfunk der DDR.

BILD 41 Heute ist die Justizvollzugsanstalt von Untermaßfeld saniert, im Sommer 1990 saßen die Häftlinge auf dem Dach und forderten am Mikrofon des Westreporters eine Reduzierung ihrer Haftstrafen.

Häftlingsmeuterei auf dem Dach des Gefängnisses von Untermaßfeld

Das Gefängnis von Untermaßfeld, nicht weit von der unterfränkischen Grenze entfernt, könnte auch der Schauplatz für einen Edgar-Wallace-Film sein. Es war einmal ein Wasserschloss gewesen, trutzige Mauern und Türme. 1813 wurde hier das „Arbeits- und Zuchthaus Untermaßfeld" des Herzogtums Sachsen-Meiningen eröffnet. Gefängnis blieb Untermaßfeld auch während der DDR-Zeit. Hier saßen Kriminelle wie politische Gefangene gleichermaßen ein. Nach dem Mauerfall wurden bereits im Dezember 1989 die politischen Gefangenen entlassen. Im September 1990, wenige Wochen vor dem Tag der Wiedervereinigung am 3.10. kam es in zahlreichen Gefängnissen der DDR zur Revolte. Die Gefangenen forderten Amnestie und fürchteten nach der Eingliederung der DDR in die Bundesrepublik Deutschland vergessen zu werden.

Es war Ende September, als ich von Suhl kommend in Richtung Grenze unterwegs war und durch Untermaßfeld kam. Schon von Weitem sah ich auf dem Gefängnisdach Menschen sitzen. Zu DDR-Zeiten hätte schon das bloße Anhalten in Höhe des Gefängnisses Probleme bereitet. Aber weil ja nach dem Mauerfall vieles ganz schnell nicht mehr so war wie vorher, parkte ich mein Fahrzeug, nahm mein BR-Mikrofon und fragte beim ersten Wachposten nach, was da los sei. Zu meiner Überraschung wurde ich nicht zur Weiterfahrt aufgefordert, sondern man brachte mich zum amtierenden Anstaltschef Strafvollzugsrat Klaus Westendorf.

Das Originalsendeband vom darauffolgenden Sendetag befindet sich noch im Archiv des BR. Und weil das nun Folgende auch für die damaligen Verhältnisse so unglaublich war, soll es wörtlich dokumentiert werden:

> ***Der „Strafvollzugsrat“:*** *„Im Moment sehe ich die Lage so, dass sich die Aktivitäten der Strafgefangenen darauf beschränken, das Dach weiterhin zu besetzen. Das Verständnis ist da, gerade in dieser Zeit des Umbruchs. Und angesichts dessen, dass das Strafvollzugsgesetz der BRD mit dem 3.10. auch in der dann ehemaligen DDR Gültigkeit hat, kann ich diese Vorstellungen, die die Strafgefangenen haben, vollkommen verstehen. Ich bin der Auffassung, dass es gegenwärtig so ist, dass auch wir als Strafvollzugsangehörige nicht in der Lage sind, nach dem 3.10.1990 hier das Strafvollzugsgesetz der BRD anzuwenden. Wir sind kaum geschult, wir haben zwar mal das Gesetz lesen können und auch bestimmte Durchführungsbestimmungen, aber wir sind nicht in der Lage, das voll rechtlich anzuwenden, und noch viel weniger sind die Strafgefangenen damit vertraut, die ja dann auch nach diesem Gesetz behandelt werden sollen.“*
>
> *Solidarität und Verständnis für die Gefangenenrevolte beim Aufseher. Vorsichtige Frage, ob man wohl mit denen auf dem Dach sprechen könne. „Selbstverständlich“, sagt der Strafvollzugsrat Westendorf. „Wie viele brauchen Sie denn vom Dach?“*
>
> *Da war ich sprachlos über das Verhältnis zwischen Gefängnisleitung und den Ausgebrochenen auf dem Dach. Die Zwölf sind über ein Loch, das sie sich ins Dach gebrochen hatten, hinausgeklettert.*
>
> *Während die Häftlinge auf dem Dach über die Interviewwünsche des BRD-Radioreporters informiert werden und auch der Gefangenenrat, geht es in Begleitung eines Wärters durch die vielen Gittertüren. Dann öffnet der Aufseher eine Tür und brüllt ins Dach hinauf: „Rundfunk ist da, ihr sollt Euch beeilen!“*

Einer der Dachbesetzer, der heruntergekommen ist, berichtet, dass sich die seit Freitag auf dem Dach sitzenden Häftlinge bei größeren Regenschauern größtenteils auf dem Dachboden aufhalten:
„Alle sind nie unten, ein gewisser Teil ist immer oben, der Ausschau hält, ob Leute nach uns sehen, weil die Bevölkerung auch daran interessiert ist. Da wird mal gewunken oder auch gegrüßt. Manche stellen auch Fragen. Manche schlafen auch nachts draußen. Gestern war es ein bisschen schlecht, weil es in der Nacht angefangen hat mit regnen, da mussten wir das Quartier räumen."

Empört sind die Häftlinge über die Äußerung von DDR-Justizminister Walter, nach der Amnestie im letzten Jahr säßen jetzt nur noch Verbrecher im Knast.

Ich lasse mir einige Fälle schildern:

„Ich habe damals in einen Intershop eingebrochen. Und dafür habe ich vier Jahre bekommen. Der Schaden war nicht so erheblich, aber das war halt ein Intershop und das war die Geschäftsstelle, die den Sozialismus repräsentiert. Ich empfand das als viel zu hoch."

Und ein anderer berichtet: „Ich habe 70 000 Mark veruntreut. 69 Einzelfälle über einen Zeitraum von etwa vier Jahren. Ich habe meine 70 000 Mark bezahlt und habe trotzdem viereinhalb Jahre abgekriegt. Und ich glaube, im Vergleich zu Euch drüben wären noch nicht mal zwei Jahre gerechtfertigt gewesen."

Der Nächste: „Also ich habe drei Jahre und sechs Monate gekriegt, ich habe in Betriebe eingebrochen, allein, nach der Disco, kein Geld mehr gehabt. Gesamtschaden zwischen sieben- und achttausend Mark. Gestohlenes Geld waren 4000 Mark, da war Parteikasse dabei, Kaffeekasse, und was der Schaden dann noch war, kaputte Türen usw."

Und dann wird es komplett kurios: „Ein Kumpel hat drei Hühner und einen Hahn gekillt, deswegen war er da. Knapp vier Jahre. Andere wegen zwei Kaninchen, zwei Jahre, für eins ein Jahr."

Die Forderungen und Wünsche der Häftlinge: „Wir hoffen, dass diese Leute rauskommen. Es geht auch um die gesellschaftlichen Veränderungen hier. Wir haben schon den Anschluss draußen verloren, wir kommen ja nicht mehr zurecht. Wir laufen doch kopflos draußen herum."

Wenn die Volkskammer negativ entscheidet, wollen sie in den Hungerstreik treten, kündigen sie an. „Also wir gehen da ganz knallhart bis zum bitteren Schluss, wir wollen keine überspitzte Amnestie haben, wir wollen nur für jeden individuell, dass jeder eine Chance hat, jetzt draußen einzusteigen."

Als ich das trutzige Gefängnis von Untermaßfeld verlasse, muss ich mich mehrmals zwicken, um zu glauben, was ich gerade erlebt habe. Die Volkskammer der DDR beschloss dann in einer der letzten Sitzungen vor der eigenen Auflösung, dass allen Häftlingen – Schwerverbrecher ausgenommen – generell ein Drittel der Haftzeit erlassen wird. Das beruhigte die Situation. Untermaßfeld wurde nach der Wende saniert und ist bis heute Justizvollzugsanstalt des Landes Thüringen.

Die Nacht der Wiedervereinigung

In der Nacht zum 3. Oktober 1990 wurde die Deutsche Einheit von tausenden Menschen aus Südthüringen und Unterfranken in einem Festzelt am ehemaligen Grenzübergang Eußenhausen-Meiningen gefeiert. Ich war Livereporter für den Bayerischen Rundfunk.

Der Grenzübergang Eußenhausen-Meinigen ist oben auf der sogenannten Schanz jahrzehntelang eine gottverlassene Gegend gewesen. Westdeutsche und ostdeutsche Grenzer standen sich mit einem Kilometer Abstand gegenüber. Wachtürme, Sperranlagen, Metallgitterzaun und Minenfeld im Osten. Es war unser Grenzübergang, jahrelang bin ich immer wieder über diesen Grenzübergang gefahren, zum Beispiel auf dem Weg in Würzburgs Partnerstadt Suhl. Aussteigen, Kofferraum leeren, Rückbank des Autos raus, Spiegel unter das Fahrzeug ...

2. Oktober 1990: Alles ist anders, die Grenze ist seit fast einem Jahr offen. Tausende sind an diesem Abend unterwegs zum Festzelt, das genau neben den jetzt nutzlosen Grenzabfertigungsanlagen steht. Deutsche aus Ost und West, eine euphorische Stimmung. Rhön-Grabfeld-Landrat Fritz Steigerwald ergreift kurz vor Mitternacht das Wort:
„Wir sind ein Volk. Wollen wir uns dieser Erkenntnis, wollen wir uns aber auch dieser hohen und moralisch nicht wegzudiskutierenden Verpflichtung über diesen Tag hinaus bewusst sein."

Dann sein Thüringer Kollege Johannes Heß, und er ahnt schon, dass die wirkliche Deutsche Einheit Zeit braucht:

BILD 42 **Ein neues Gebäude am ehemaligen Grenzübergang Eußenhausen-Meiningen befand sich 1989 im Rohbau – daran hat sich bis heute nichts geändert.**

„Die Mauern und Grenzen in der Natur sind gefallen. Setzen wir auch alles daran, dass die Grenzen auch in den Köpfen verschwinden, bis in den letzten Kopf in beiden Teilen unseres Vaterlandes."

Zweitausend Menschen haben im Festzelt Platz gefunden, etwa Zehntausend sind außerhalb des Zeltes und warten auf Mitternacht. Als Radioreporter will ich die Situation auf mich wirken lassen. Ohne Manuskript, einfach schildern, was ist. Dann sind wir auf Sendung, mein Herz klopft mir bis zum Hals:
„In wenigen Augenblicken – draußen krachen schon die ersten Böller – will die Kapelle die Deutschlandhymne intonieren. Dann ist es 24 Uhr. Dann ist die Stunde der Deutschen Einheit da, und sie wird ausgerechnet an diesem Fleck gefeiert, am ehemaligen Grenzübergang Eußenhausen-Meiningen. Dort, wo so viele Tausend, die hier durchgefahren sind, schikaniert wurden, kontrolliert wurden."

Die Musiker greifen zu den Instrumenten. Alle Menschen erheben sich, die Deutschlandhymne erklingt. Mit meinem Mikrofon stehe ich jetzt mitten im Zelt, ich hebe es nach oben, nur die Hymne soll jetzt im Radio erklingen. Mir laufen Tränen herunter. Was waren wir immer wütend,

BILD 43 Der Wachturm als Mahnmal am ehemaligen Grenzübergang Eußenhausen-Meiningen ist das letzte Relikt, das noch steht und mehr und mehr zerfällt.

wenn wir uns bei Besuchen in der DDR von den Freunden verabschieden mussten. Und jetzt diese friedliche Revolution im Osten, ohne Blutvergießen. Weltgeschichte vor unserer Haustüre. Bei uns Unterfranken, die wir neben unseren Thüringer Nachbarn an der Trennungslinie der Machtblöcke saßen.

Die Nationalhymne ist zu Ende, Jubel erklingt, Deutschlandrufe sind zu hören, und ich muss jetzt weiterreden, obwohl es mir fast den Hals zuschnürt:
„Den Menschen laufen hier die Tränen über die Wangen. Sie umarmen sich, sie küssen sich. Schwarz-rot-goldene Fahnen werden geschwungen und ein großes Schild vorne mit der Aufschrift ‚Deutschland, friedlich Vaterland'."

Die Deutschlandrufe mischen sich mit dem Rennsteiglied, das jetzt von Thüringern wie Unterfranken begeistert angestimmt wird. Und gleich darauf das Frankenlied. Und ganz egal was danach kam, an Problemen und Herausforderungen im Zusammenwachsen der beiden deutschen Staaten – diese Nacht wird keiner vergessen, der damals dabei war. Ein Feuerwerk geht über dem ehemaligen Grenzübergang in den Nachthimmel, über die Rhön, die jetzt wieder vereint ist. Die Menschen liegen sich in den Armen, prosten sich mit Sekt zu, und wir BR-Reporter nehmen nur Freudenrufe auf:

> *„Fantastisch, wunderbar. Wir haben gesehen, wie die Grenze gebaut wurde, und jetzt ist es eine Freude für uns mitzuerleben, wie sie wieder abgerissen wird."*
>
> *„Wer jetzt nicht wach ist, der ist tot."*
>
> *„Wir waren nur ein paar Kilometer voneinander entfernt. Die Leute sind dort genauso wie wir hier. Es war nur der Scheißzaun dazwischen. Seit Januar haben wir Kontakt mit Lore drüben. Einmalig."*
>
> *„Und ich wollte mich noch bei Euch bedanken. Küsschen. Wir halten zusammen. Jetzt sind wir ein Deutschland. Darauf haben wir gewartet, jahrelang. Es gibt keine Mauer mehr. Lasst uns nie mehr eine Mauer bauen."*

Die Nacht war kurz und die Übernachtung in einem Mellrichstädter Hotel ebenso. Am Morgen des 3. Oktober 1990 fahren wir mit dem großen weiß-blauen Übertragungswagen im wiedervereinigten Deutschland die sieben Kilometer weiter nach Meiningen. Mittags senden wir live vom dortigen Marktplatz. Und vormittags überlassen wir den Ü-Wagen den Suhler Radiokollegen. Die melden sich live in ihren Programmen.

Wir gehen dann nach 12 Uhr bayernweit auf Sendung. Wir berichten aus der Nacht, lassen aber auch live die Menschen aus Meiningen mit ihren Gefühlen zu Wort kommen. Wir spüren viel Genugtuung, dass ihre Herbstrevolution 1989 und ihr Mut Erfolg hatten. Wir spüren aber auch die Unsicherheit beim Blick in die Zukunft.

Stimmen von damals:

„Ich selbst war in Meiningen in der Kirche mit dabei. Und glauben Sie mir, wir sind mit Kerzen in der Hand durch die Straßen gezogen, und wir hatten nicht wenig, nein, wir hatten sehr, sehr viel Angst. Angst vor denen, die uns die 40 Jahre hinter diesen Mauern gehalten haben. Angst vor dem berüchtigten Feind Staatssicherheit. Und ich glaube, all jene Bürger, die in diesen Tagen mit Kerzen und mit dem bisschen Hoffnung auf Veränderungen auf die Straße gegangen sind, stehen bei diesen Leuten in den Akten. Wir haben auf dem Marktplatz in Meiningen gestanden. Wir haben gewusst, in dem Haus in dieser Ecke sind sie. Sie haben uns fotografiert. Sie verfolgen uns noch bis heute. Und ich möchte an dieser Stelle an all jene erinnern, die Opfer dieses Bollwerks geworden sind."

„Ja, Angst ist vorhanden. Wir können noch nicht sagen, dass wir fertig sind, dass wir in Ruhe und Frieden der Zukunft entgegenblicken können. Wenn ich überlege, dass vor 14 Tagen nachts mein Telefon wieder sehr geknackt hat, ist es ein Zeichen. Unsere Revolution ist noch nicht zu Ende."

„Wir müssten froh sein, müssten jubeln. Deutschland einig Vaterland. Reisen von Nord nach Süd, von Ost nach West, ohne Grenzen zu passieren. Aber das Halleluja bleibt uns irgendwie im Halse stecken dabei, weil es doch viele Probleme gibt, die 40 Jahre Sozialismus haben an uns gezehrt. Wir sind geschädigt von diesem Staat. Das durchzumachen hat uns irgendwie doch die Freude an dem heutigen Tage sicherlich nicht so richtig hochkommen lassen."

BILD 44 Der Marktplatz von Meiningen heute. Damals stand hier am Mittag des 3. Oktober 1990 der Übertragungswagen des Bayerischen Rundfunks.

„Die Flasche Sekt, die ich trinke, wenn Erich Honecker nicht mehr Chef in diesem Lande ist, die stand schon sehr viele Jahre bei mir im Keller. Und das war aber nicht nur bei mir. Das waren sehr viele Flaschen, die schon jahrelang kühl standen, immer griffbereit, um sie sofort rauszuholen. Unser Ziel war gewiss die deutsche Einheit. Die musste kommen. Ich hätte aber nicht gedacht, dass sie so schnell kommt. Wir sind selbst überrascht. Aber es war nicht mehr möglich, es noch länger auszudehnen. Wozu auch? Die Einheit musste her. Und wir müssen jetzt durch dieses Tal durch. Aber wir müssen Optimismus fassen. Und ich möchte auch sagen, wir müssen daran denken, dass wir Gott auf unserer Seite haben und müssen auch auf Gott vertrauen."

Was wäre gewesen, wenn ...

Die ersten Panzer der Sowjetarmee und der Nationalen Volksarmee (NVA) erreichten mit der ersten Staffel am Morgen des 7. November 1983 kurz nach 5 Uhr die innerdeutsche Grenze in Höhe des Grabfelds in Unterfranken. Ausschlaggebend für die Militäraktion des Warschauer Pakts war wohl die NATO-Militärübung „Able Archer 83". Das am 2. November begonnene Manöver probte den atomaren Ernstfall. Die neuen angewandten Funkverschlüsselungsmethoden nimmt die sowjetische Seite als Zeichen eines schon lange befürchteten amerikanischen Erstschlags wahr.

Die Streitkräfte des Warschauer Pakts waren seit Tagen in Alarmbereitschaft. An der DDR-Grenzbefestigung zwischen dem thüringischen Eicha und dem unterfränkischen Trappstadt öffneten DDR-Grenzsoldaten am 7. November 1983 die ersten Tore im Metallgitterzaun. Die ersten sowjetischen Panzer erreichten das Gebiet der Bundesrepublik Deutschland oberhalb von Mellrichstadt, NVA-Panzer drangen wenig später entlang des gesamten Grenzabschnitts zwischen Fladungen und Ermershausen in westdeutsches Gebiet ein.

Noch bevor die ersten Panzer in Mellrichstadt waren, gab es erste Explosionen. Die Fahrzeuge waren auf Sprengfallen der Bundeswehr bei Eußenhausen aufgefahren. Diese hatte Hauptfeldwebel Udo Straub als Zugführer seines Panzergrenadierbataillons 352 aus der Bundeswehr Kaserne in Mellrichstadt bereits Stunden vorher scharf gemacht.

Und hier brechen wir das fingierte Schreckensszenario ab. Mellrichstadt, Hainbergkaserne im November 2019. Seit genau 30 Jahren ist die Mauer nun gefallen, die Bundeswehr ist längst aus Mellrichstadt abgezogen. Es gibt keine Grenze mehr, die zu verteidigen wäre. Der frühere Zugführer Udo Straub hat mit einigen seiner Kameraden aus West und Ost den Kameradschafts- und Freundeskreis der Garnison Mellrichstadt e. V. gegründet. Tatsächlich sind neben ehemaligen und aktiven Bundeswehrangehörigen auch ehemalige Soldaten der Nationalen Volksarmee dabei. Nach der Wiedervereinigung waren Soldaten der ehemaligen NVA in die Bundeswehr eingegliedert worden. Aus Gegnern wurden Kameraden.

Der Kameradschafts- und Freundeskreis hat es sich zur Aufgabe gemacht, mit einem Dokumentationszentrum Hainbergkaserne „Eine Grenzgarnison im Kalten Krieg“ vor allem auch nachfolgende Generationen zu informieren. Dies ist einmalig in Deutschland. Das Dokumentationszentrum befindet sich am Originalschauplatz, im früheren Stabsgebäude des Panzergrenadierbataillons 352. Auf vier Etagen sind das ehemaligen Kommandeurszimmer zu sehen, ein Nachbau der Grenzanlagen, Waffen der Grenzorgane Ost und der Grenzsicherungskräfte West, außerdem im Keller ein Atombunker mit ABC-Schleuse, Duschanlagen und Schlafräumen.

Und ein Raum mit der Aufschrift „Sperrzone, Zutritt verboten“. – Am 8. November 2019, am Vorabend des 30. Jahrestags des Mauerfalls, hat das BR-Studio Mainfranken zusammen mit dem Kameradschafts- und Freundeskreis zu einem „Tag der offenen Tür“ eingeladen. Ganztags gibt es Liveschaltungen im Web, in Radio und Fernsehen, und bei den Führungen kann nun auch dieser Raum betreten und besichtigt werden, der Jahrzehnte streng geheim war. Udo Straub öffnet im Raum zunächst einen Tresor. Jetzt kann er sie herausholen und zeigen, die Einsatzpläne für den Fall der Fälle, für den Angriff aus dem Osten. „Hier steht, wie wir unser Land hätten verteidigen müssen“, sagt Udo Straub. Operationsbefehle für das Bataillon, in seinem Fall, zum Ende des Kalten Krieges, das Grabfeld im Raum Bad Königshofen. Hier hätte das Bataillon im Ernstfall Minen gelegt und Sprengfallen aktiviert. Den Vormarsch der Truppen des Warschauer Pakts zu bremsen und zu verlangsamen, wäre ihre Aufgabe gewesen. Unter Glas ist auf etwa zehn Quadratmetern das Operationsgebiet aufgezeichnet. Kleine Panzer stehen auf dem gesamten Feld. Blau für Bundeswehr und US-Truppen und auf der anderen Seite rot für die Truppen des Warschauer Pakts. Der Untergrund zeigt sich als riesige Landkarte mit den Städten und Dörfern in Ost und West. Bad Königshofen oder Trappstadt in Unterfranken,

BILD 45 Der Tresor mit einst geheimen Akten im Bunker der früheren Kaserne in Mellrichstadt.

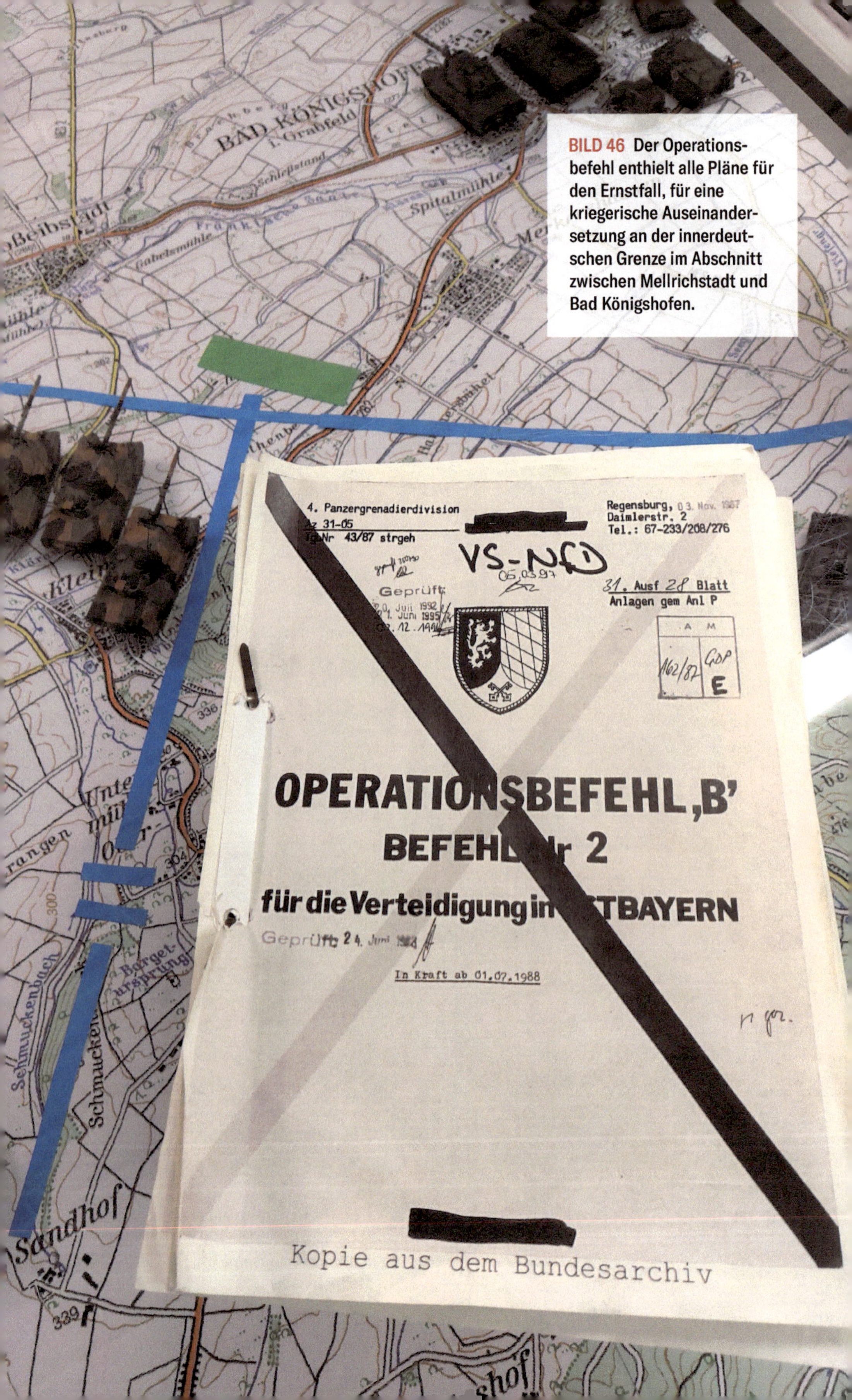

BILD 46 Der Operationsbefehl enthielt alle Pläne für den Ernstfall, für eine kriegerische Auseinandersetzung an der innerdeutschen Grenze im Abschnitt zwischen Mellrichstadt und Bad Königshofen.

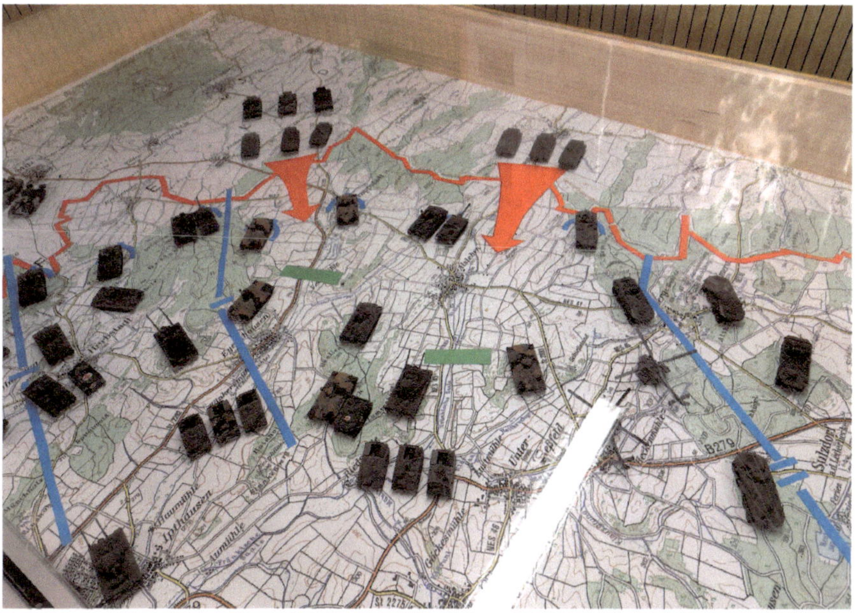

BILD 47 Der „Sandkasten" mit der Landkarte des Grabfeld und Panzer in Ost und West.

BILD 48 Das Dokumentationszentrum Hainbergkaserne in Mellrichstadt führt in die Zeit des kalten Kriegs vor 1989. Hier ein Mitglied der DDR-Grenztruppe.

BILD 49 Der einstige Hauptfeldwebel Udo Straub hätte als Zugführer das Panzergrenadierbataillon 352 auch in den Ernstfall führen müssen. Heute ist er einer der Motoren des Dokumentationszentrums.

Eicha oder Römhild in Südthüringen. „Die Dörfer hätten gebrannt", sagt Udo Straub, und mir schauert es über den Rücken. Seine Familie hätte über dieses Einsatzgebiet für ihn nicht Bescheid gewusst: „Mit der Familie wurde darüber nicht gesprochen, denn diese Einsatzpläne waren streng geheim." Die Familie hätte sich manchmal gewundert, warum der Mellrichstädter bei so manchem Sonntagsausflug ins Grabfeld wollte. „Umschauen im Einsatzgebiet", meint Udo Straub heute. Selbst in der Freizeit.

An der Person von Udo Straub können wir auch erfahren, wie tragisch ein Krieg zwischen Deutschland Ost und West gewesen wäre. Straub ist in Suhl geboren. „Ich habe bisher in Frieden und Freiheit gelebt, und obwohl es meiner Familie als Flüchtlingsfamilie nach der Flucht noch nicht so gut ging, habe ich eigentlich im Schlaraffenland leben dürfen. Wenn dann jemand diese Werte, mich und meine Familie bedroht und auf mich geschossen hätte, dann hätte ich zurückgeschossen, auch wenn es auf meine Verwandtschaft hätte sein müssen."

Es ist zum Glück ganz anders gekommen, und als am Morgen des 10. November 1989 in den frühen Morgenstunden der erste Trabi über den Grenzübergang Eußenhausen-Meiningen gekommen ist, war der 40. Geburtstag von Udo Straub gerade angebrochen. Im Laufe des Tages stand als besonderer Gratulant sein Onkel vor der Tür des Geburtstagskinds. Der wollte die offene Grenze gleich mal ausprobieren. Udo Straub: „Ich habe damals meinen Onkel das erste Mal im Leben gesehen." Als Bundeswehrsoldat, noch dazu als Zugführer dieses Bataillons in Mellrichstadt, war ihm der Besuch in der DDR untersagt. Und an diesem 10. November 1989 ist Udo Straub dann an seinem 40. Geburtstag hinauf zur Schanz an die offene Grenze gefahren. Er hat die Autoschlangen gesehen gen Westen. „Ich stand an der Grenze und habe vor Freude geweint."

Ein Stück Zaun als Erinnerung und Mahnung

Es war 1991, da stand plötzlich ein Stück DDR-Zaun im Hof vor der Tür zu meinem Elternhaus in Zeil am Main. Mein Onkel Willi Basel hatte ihn mir vom Abbau der Metallgitterzäune an der jetzt bayerisch-thüringischen Grenze mitgebracht. Das Zaunstück stammt aus dem ehemaligen Grenzabschnitt in der Nähe von Maroldsweisach in den Haßbergen. Onkel Willi arbeitete beim Kreisbauhof des Landkreises Haßberge und begleitete die Abbauarbeiten der DDR-Grenzsperranlagen. Das Zaunstück habe ich bis heute, und ich bin meinem inzwischen

BILD 50 **Autor Eberhard Schellenberger mit einem Stück Metallgitterzaun vom Abschnitt Maroldsweisach/Hellingen in den Haßbergen.**

verstorbenen Onkel Willi Basel sehr dankbar für diese besondere Erinnerung und auch Mahnung. Immer wieder mal habe ich kleine Stücke abgesägt und sie an Menschen verschenkt, die den ideellen Wert zu schätzen wussten. Trotz Metallsäge war es Schwerstarbeit. Der Zaun war aus Streckmetall. Ich kam sehr schnell ins Schwitzen, nur millimeterweise ging die Säge durch das Metall. Dabei musste ich oft daran denken, dass es für Fluchtwillige schier unmöglich gewesen sein muss, mit herkömmlichen Mitteln in Eile und unter Druck ein Loch in den Zaun zu schneiden. Immer unter der Gefahr entdeckt zu werden.

Das Zusammenwachsen der beiden deutschen Staaten war und ist nicht einfach. Dass ein vier Jahrzehnte geteiltes Land sich friedlich wieder vereinigt, ist weltweit beispiellos. Wer heute das Dokumentationszentrum über eine Kaserne im Kalten Krieg in Mellrichstadt besucht, wer im geheimen Verschlussraum des Atombunkers steht, die Einsatzpläne und die große Landkarte des Grabfelds mit den sich gegenüberstehenden Panzern der NATO und des Warschauers Paktes, der wird einfach nur dankbar. Dankbar dafür, dass der vernichtende Krieg, der auch in Unterfranken seinen Anfang genommen hätte, ausblieb. Dankbar dafür, dass die Revolution der Menschen in der DDR friedlich und weitgehend gewaltlos verlief.

BILD 51 **Der aus Niederlauer stammende und in Berlin lebende Künstler Jimmy Fell hat einen Skulpturenpark am ehemaligen Grenzübergang Eußenhausen-Meiningen geschaffen.**

Zwölf Monate lang habe ich nun nach vielen Jahren Abstand meine Akte „Antenne" noch einmal analysiert, teilweise abgeschrieben, die deutsch-deutschen Geschichten aus den Jahren 1984 bis 1990 habe ich aus der Erinnerung geholt, habe alte Sendungen aus dem BR-Archiv herausgesucht, Notizen und Fotos. Es war wie ein Ausflug in eine andere Welt, so unwirklich. Manchmal glaubte ich gar nicht, dass ich das bin, von dem da die Rede ist, dessen Telefonanrufe mitgeschnitten und dessen Beiträge abgehört worden sind. Oft wunderte ich mich mit dem Abstand von über 30 Jahren, wie unvorsichtig und naiv ich damals gewesen bin. Einigen „Inoffiziellen Mitarbeitern" habe ich durch meine Plaudereien so richtig Stoff geliefert, ich glaube aber auch, dass ich sie verunsichert habe. Mein „IM Rudi Rund" meinte einmal, ich sei „ein netter Kerl". Und ich glaube, dass er es zumindest teilweise auch so gemeint hat. Ich erlebte ihn auch als freundlichen Menschen. Obwohl er das meiste Material für die Akte geliefert hatte. Und das war beim Lesen der Akte schon sehr enttäuschend für mich. Aber ich passte wohl nicht so ganz in das Bild der „imperialistischen Feinde". Ich war ein junger Unterfranke, der das benachbarte Südthüringen besuchte und der zwischen Meiningen und Suhl Menschen traf, die auch fränkischen Akzent sprachen.

Wenn ich heute von Eußenhausen die Schanz hochfahre in Richtung Henneberg, dann komme ich am früheren Grenzübergang vorbei. Von den Abfertigungsanlagen ist nichts mehr zu sehen, ein alter Grenzturm mit kaputten Fensterscheiben steht noch und der zerfallene Rohbau eines Grenzgebäudes, das damals im Bau war. Dann werden vor meinen Augen die Bilder von damals lebendig, als sie mich beim Grenzübertritt in die DDR gründlich filzten, als hier am 10. November 1989 um 03.40 Uhr die Grenze fiel und tausende Menschen in der Nacht zum 3. Oktober 1990 die deutsche Wiedervereinigung feierten und ich um Mitternacht mit Tränen in den Augen die schönste Reportage meines Reporterlebens liefern durfte. Von der friedlichen Weltgeschichte vor unserer unterfränkischen Haustüre.

BILD 52 Kopie meiner Akte und Reisepass.

EPILOG

Die Arbeit am Manuskript für dieses Buch habe ich im Januar 2022 abgeschlossen. Niemand ahnte zu diesem Zeitpunkt, was kurz darauf geschehen würde: Am 24. Februar 2022 greift Russland die benachbarte Ukraine an. Die russische Invasion ist von Beginn an ein Angriffskrieg mit menschenverachtender Härte und Zerstörung. „Putins Krieg" – der russische Präsident wurde von westlichen Staatschefs offen als Aggressor, Verbrecher und Mörder bezeichnet. Hunderttausende Ukrainer, vor allem Frauen und Kinder, fliehen in das benachbarte NATO-Land Polen. Das Verteidigungsbündnis verstärkt an der polnischen Grenze und an den Grenzen der baltischen Staaten Litauen, Lettland und Estland die militärische Präsenz.

Es ist wieder Krieg in Europa – mit einer neuen Blockbildung: NATO/EU gegen Russland und das unterstützende Belarus. Der Kalte Krieg ist zurück, wird plötzlich zum „heißen Krieg", selbst die Gefahr einer atomaren Auseinandersetzung, ja sogar die Ausweitung zu einem Dritten Weltkrieg wird nicht ausgeschlossen. Eine nie gekannte Angst macht sich in den Nachkriegsgenerationen breit. In der Bundeswehrkaserne in Wildflecken kommt es Anfang März zu einer Routineübung von Soldaten aus sieben NATO-Staaten, um die Zusammenarbeit zu trainieren. Meist an Computern, mit einem „erschreckend realistischen Szenario" wie es heißt.

Die Gedanken gehen an den Einsatzraum im Bunker der ehemaligen Bundeswehrkaserne in Mellrichstadt, der heute als Museumsraum der Öffentlichkeit zugänglich gemacht ist. Hier stehen sich Panzer der damaligen Sowjetunion des Warschauer Pakts den Panzern von Bundeswehr und NATO gegenüber. Jetzt stehen Bundeswehr und andere NATO-Truppen auf dem Baltikum und sichern das Gebiet des Verteidigungsbündnisses, auf der anderen Seite russische Truppen. Zum aktuellen Zeitpunkt, beim redaktionellen Abschuss dieses Buches Ende März 2022, ist in keiner Weise abzusehen, wohin dieser Krieg in Europa den Kontinent treibt.

Im Rückblick auf die dramatischen Ereignisse 1989/90 spüren wir die große Gunst der damaligen Konstellation. Allen voran hat der sowjetische Präsident Michail Gorbatschow dazu beigetragen, zugleich waren es aber auch westliche Staatschefs, die der deutschen Wiedervereinigung nach dem Mauerfall keine Steine in den Weg gelegt haben. Sie vertrauten dem neuen, wieder größeren Deutschland, dass es eine friedliche Rolle in Europa spielen würde. Eine große Dankbarkeit gilt dem friedlichen Wunder von Wende („Wir sind das Volk"), Mauerfall und Wiedervereinigung. Mehr denn je in der Gesamtsicht ein außerordentliches historisches Ereignis, in einer Welt von Hass, Gewalt, Machtstreben und kriegerischen Auseinandersetzungen!

Meine junge Journalistenkollegin Sarah Beham (BR Studio Deggendorf) schreibt mir: „Ich frage mich als junger Mensch: Hat man denn gar nichts aus der Geschichte gelernt? Muss sich alles wiederholen – jeder Fehler, jeder Krieg? Es macht mich unfassbar traurig! Ich hatte das große Glück ohne Krieg leben zu dürfen. Und ich hätte mir niemals vorstellen können, in so eine Situation zu kommen. Dennoch: Gerade die junge Generation packt jetzt auch an, hilft, nimmt Flüchtlinge auf, hilft beim Ankommen. Vielleicht hat die Geschichte doch etwas gelehrt ..."

So endete das Buch, geschrieben im Frühjahr 2022. Was dann nach seiner Veröffentlichung folgte, hatte ich nie erwartet. Seit dem 5. September 2022 bin ich unterwegs. In Büchereien, Buchhandlungen, Rathäusern, in Schulen und bei Vereinen. Die Mischung aus Lesung, Erzählung, Bildern, Audios und Videos kommt offensichtlich an. Ich bin in Bayern, Thüringen, Berlin und Hessen unterwegs, von Aschaffenburg bis Zeil am Main in Unterfranken, von Hof bis Weiden, Plattling, Ingolstadt und München, in Suhl und Fulda. Ich spreche vor jungen Polizistinnen und Polizisten in Ausbildung bei der Bereitschafts- und der Bundespolizei. Über 4000 Menschen habe ich bisher direkt erreicht.

BILD 53 **Autor Eberhard Schellenberger bei der Buchpräsentation im September 2022 mit Sarah Beham, die als BR-Journalistin der nachfolgenden Generation wichtige Anstöße für das Buch lieferte.**

Vieles hat sich seit Erscheinen des Buches geändert, geben „Deckname Antenne“ und meinen Lesungen eine neue, verstärkte Bedeutung und Sicht. Der immer noch andauernde Ukrainekrieg, der Europa wieder in Blöcke teilt oder die Demonstrationen in Deutschland für unsere Demokratie und unsere Werte. In der aufgewühlten Welt 2024 bietet der Rückblick auf die friedliche Zeit in Zentraleuropa seit 1945 und die Zeit nach der friedlichen Wende eine andere Wertigkeit. Die veränderte Zeit merke ich gerade bei Besuch in Schulen, in der Begegnung mit aufmerksamen und interessierten jungen Menschen.

Sarah Beham, die meine Brücke beim Schreiben des Buches in die nachgewachsene Generation war, ist inzwischen nicht mehr im BR Studio Deggendorf, sondern als Hauptstadtkorrespondentin für den Bayerischen Rundfunk und die ARD in Berlin. Wir sind Freunde geworden über die Generationen hinweg, sie begleitet Buch und Lesungen mit viel Anteilnahme und Zuspruch. Sarah ist Jahrgang 1994 und war im Mai 2024 mit Entwicklungshilfeministerin Schulze in der Ukraine.

Erschüttert berichtete Sarah Beham in einem Video:
„Wir waren in Lviv, und das war schon sehr hart mit anzusehen. In Lviv gibt es das größte Rehazentrum und da kommen die meisten Kriegsverletzten von der Front hin. Eine ganze Generation Männer zu sehen verstümmelt, mit amputierten Armen oder Beinen, das macht was mit Einem, das war hart anzuschauen und auch als Journalistin bin ich nur ein Mensch. Mikrofon und Handy, ich filme, und dann schießen einem die Tränen in die Augen, weil man auch nur Mensch ist.“

Ich schreibe Sarah tief bewegt:
„Die Auswirkungen eines furchtbaren Krieges, die du da in Lviv gesehen hast, das hätte uns vor 35 Jahren auch drohen können. Dann wären vielleicht dein Papa und ich, und viele andere aus unserer Generation in einen 3. Weltkrieg gezogen. Ja, liebe Sarah, ich habe Demut und Dankbarkeit.“

Dank

Ein großes Dankeschön geht am Ende meines Buchprojekts an alle, die mich immer wieder motiviert haben, meine Erlebnisse in der DDR, aus der Zeit der Wende und des Mauerfalls niederzuschreiben. Danke an meine Frau Monika, die einst als Erste den Wunsch äußerte, in die DDR zu reisen, Danke auch für das erste „Gegenlesen" des Manuskripts. Danke an unsere Freunde in der Lausitz, die uns Land und Menschen nahegebracht haben. Danke an den Geschäftsführer des Echter Verlags, Thomas Häußner, der sofort bereit war, dieses Buch herauszubringen, an Elisabet Petersen als erfahrene und konstruktiv-kritische Lektorin und an Sarah Beham aus Plattling. Die niederbayerische BR-Korrespondentin bekam von mir das Manuskript als Vertreterin der nachgewachsenen, jungen Generation. Ihre Fragen an für sie unvorstellbare Ereignisse mitten in Deutschland, brachten wertvolle Ergänzungen für das Buch. Danke an Bernd Höland, den Begründer und Vorsitzenden des Freundeskreises Würzburg-Suhl für die Überlassung seiner Stasiakte „Drahtzieher", für die vielen, gemeinsamen Gespräche und für die Überlassung der Fotos. Bilder „von damals" bekam ich auch von Polizeihauptkommissar Erwin Ritter, der heute noch aktiv bei der Bundespolizei in Oerlenbach tätig ist, und aus seiner Zeit als Bundesgrenzschutz-Beamter die eindrucksvollen Fotos vom Einsatz an der unmittelbaren DDR-Grenze machte und für dieses Buch zur Verfügung stellte.

Glossar

ADN	Offizieller Nachrichtenagentur der DDR
AIK	Arbeitskreis Innerdeutsche Kontakte
AIM	Austauschbarer Inoffizieller Mitarbeiter
AKG	Auswertungs- und Kontrollgruppe
BGS	Bundesgrenzschutz, heute Bundespolizei
BND	Bundesnachrichtendienst
BStU	Bundesbeauftragter für die Unterlagen des Staatssicherheitsdienstes
BV	Bezirksverwaltung
DFD	Demokratischer Frauenbund Deutschlands
DKP	Deutsche Kommunistische Partei
DVP	Deutsche Volkspolizei (umgangssprachlich Vopo)
FDJ	Freie Deutsche Jugend
F-Objekt	Fahndungsobjekt
Gefr	Gefreiter
GMS	Gesellschaftlicher Mitarbeiter für Sicherheit Inoffizielle Informanten sammeln „staatsloyal" Material
GVS	Geheime Verschlusssache
GüSt	Grenzübergangsstelle
HA II	Hauptabteilung II, Spionageabwehr
HO	Handelsorganisation
HVA	Hauptabteilung Verwaltung und Aufklärung
IGFM	Internationale Gesellschaft für Menschenrechte
IM	Inoffizieller Mitarbeiter
IMB	Inoffizieller Mitarbeiter der Abwehr mit Feindverbindung
IME	Inoffizieller Mitarbeiter im besonderen Einsatz
IMS	Inoffizieller Mitarbeiter zur politisch-operativen Durchdringung und Sicherung des Verantwortungsbereiches
KD	Kreisdienststelle
LPG	Landwirtschaftliche Produktionsgenossenschaft
MfAA	Ministerium für Auswärtige Angelegenheiten
MfS	Ministerium für Staatssicherheit
ND	Neues Deutschland, Parteizeitung der SED
NSW	Nichtsozialistisches Wirtschaftsgebiet
NVA	Nationale Volksarmee
OPK	Operative Personenkontrolle
OTL	Oberstleutnant
PD	Panzerdivision
PKE	Passkontrollkräfte der Grenztruppen

SED	Sozialistische Einheitspartei Deutschlands
SM 70	Splittermine 70, Selbstschussanlage am ersten Grenzzaun
StFw	Stabsfeldwebel
StGe	Stabsgefreiter
StOFr	Stabsoberfähnrich
VEB	Volkseigener Betrieb
VGDB	Versuchter Grenzdurchbruch
VP	Volkspolizei
VTA-Zone	Visum für einen Tagesaufenthalt
Uffz	Unteroffizier
UFhr	Unterfähnrich
UFw	Unterfeldwebel
ULt	Unterleutnant
UvD	Unteroffizier vom Dienst
VPKA	Volkspolizeikreisamt
ZK	Zentralkomitee

Aufbau der Bezirksverwaltung Suhl des MfS (Auszug)

Bezirksverwaltung Suhl/BV	(Leitung)
Arbeitsgruppe des Leiters	(AGL)
Wach- und Sicherungseinheit	(WSE)
Auswertungs- und Kontrollgruppe	(AKG)
Hauptabteilung XI	(Archiv)
Hauptabteilung Kader und Schulung	(KuSch)
Hauptabteilung IXV	(Untersuchungshaftanstalt)
Hauptabteilung IX	(Untersuchungsorgan)
Hauptabteilung 26	(Telefonüberwachung und technische Kontrolle)
Hauptabteilung II	(Spionageabwehr)
Hauptabteilung M	(Postüberwachung)
Hauptabteilung VI	(Tourismus, Pass- und Kontrolleinheit)
Hauptabteilung VII	(Schutz der Volkspolizei/ Zusammenarbeit)
Hauptabteilung VIII	(Observation und Ermittlung)
Hauptabteilung XXII	(Terrorabwehr)
Arbeitsgruppe Geheimschutz	(AGG)
Hauptabteilung III	Funkabwehr
Hauptabteilung N	Nachrichten

Fotonachweis

Vielen Dank an Alle, die Fotos für dieses Buch zur Verfügung gestellt haben:

Ulrike Fischer
Bild-Nr. 23

Erwin Ritter
Bild-Nr. 2/3/4/5/6/7/25/28

Archiv Bernd Höland
Bild-Nr. 33/36/37/38/39

Udo Straub
Bild-Nr. 45/46/47/48/49

Thomas Berberich
Bild-Nr. 50

Jonas Reif
Bild-Nr. 53

Eberhard Schellenberger
Bild-Nr. 1/8/9/10/11/12/13/14/15/16/17/18/19/20/21/22/24/26/27/29/30/31/32/34/35/40/41/42/43/44/51/52